本书是国家社科基金青年项目(20CJY068)、四[...]
四川省社科规划项目(SC20C051)、西南石油大学人[...]

U0456662

乡村振兴丛书

川猪产业振兴背景下
生猪市场调控的利润保险
机制设计与效果评估

CHUANZHU CHANYE ZHENXING BEIJING XIA
SHENGZHU SHICHANG TIAOKONG DE LIRUN BAOXIAN
JIZHI SHEJI YU XIAOGUO PINGGU

李亚茹　张海浪◆著

四川大学出版社
SICHUAN UNIVERSITY PRESS

图书在版编目（CIP）数据

川猪产业振兴背景下生猪市场调控的利润保险机制设计与效果评估 / 李亚茹，张海浪著 . — 成都 ：四川大学出版社，2023.1
（乡村振兴丛书）
ISBN 978-7-5690-5851-2

Ⅰ . ①川⋯ Ⅱ . ①李⋯ ②张⋯ Ⅲ . ①生猪市场—经济调控—产业利润—保险机制—研究—四川 Ⅳ .
① F326.3

中国版本图书馆 CIP 数据核字（2022）第 238713 号

书　　名：川猪产业振兴背景下生猪市场调控的利润保险机制设计与效果评估
　　　　　Chuanzhu Chanye Zhenxing Beijing xia Shengzhu Shichang Tiaokong de Lirun Baoxian Jizhi Sheji yu Xiaoguo Pinggu
著　　者：李亚茹　张海浪
丛 书 名：乡村振兴丛书

丛书策划：庞国伟　蒋姗姗
选题策划：梁　平
责任编辑：梁　平
责任校对：傅　奕
装帧设计：裴菊红
责任印制：王　炜

出版发行：四川大学出版社有限责任公司
　　　　　地址：成都市一环路南一段 24 号（610065）
　　　　　电话：（028）85408311（发行部）、85400276（总编室）
　　　　　电子邮箱：scupress@vip.163.com
　　　　　网址：https://press.scu.edu.cn
印前制作：四川胜翔数码印务设计有限公司
印刷装订：四川盛图彩色印刷有限公司

成品尺寸：170 mm×240 mm
印　　张：9.5
字　　数：193 千字

版　　次：2023 年 3 月 第 1 版
印　　次：2023 年 3 月 第 1 次印刷
定　　价：58.00 元

扫码查看数字版

四川大学出版社
微信公众号

前　言

　　养猪业是关乎国计民生的重要产业，猪肉是我国大多数居民最主要的肉食品。非洲猪瘟疫情发生之后，生猪养殖出现亏损，养殖户发展生产的积极性受挫。作为全国最大的生猪生产省份，四川省于2019年初提出制订并实施川猪产业振兴工作推进方案，强化政策支持和机制创新，推动生猪产业转型发展。尽管政府部门已出台了生猪生产直接补贴、生猪保险与政府猪肉储备调节等多种市场调控政策，但现行四川省生猪市场调控政策仍面临一些困境。

　　生猪利润保险作为生猪价格指数保险与饲料成本保险的结合，是一种连续性的反周期补贴政策，能达到与现行四川省生猪市场调控政策相同的政策目标；不仅不会直接干预生猪市场价格，还具有减轻国家财政资金压力、提高农业服务体系运行效率、属于WTO"绿箱"政策的比较优势，可化解现行生猪市场调控政策面临的诸多困境。因此，本书在探讨生猪利润保险在生猪市场调控中的政策定位与可能作用的基础上，深入研究四川省生猪市场调控的利润保险机制设计与实施效果评估，可为相关政府部门制定川猪产业振兴政策支持的长效机制提供决策参考。

　　本书首先阐述四川省生猪出栏价格波动的周期性、集聚性、非对称性特点，通过梳理四川省生猪市场调控政策的演进历程与现行四川省生猪市场调控政策的具体内容，发现其面临调控政策多样、参与主体繁多、补贴交叉重叠、政策调控时机不清晰、政策稳定性不足、市场化调控政策有限与反周期支持不足等困境。

　　其次，分析美国生猪市场调控的四大政策体系及生猪利润保险的实践经验后得出，生猪利润保险是有效的市场化调控工具。通过比较生猪利润保险与四川省现行市场调控政策的目标、运作机理与实施效果，从生猪市场、政府、保险公司、消费者与养殖户等方面，提出利润保险在四川省生猪市场调控中的可能作用。基于政策属性与政策比较结果，给出生猪利润保险的政策定位，即其可在四川省生猪市场调控中作为生猪价格指数保险与饲料成本保险的替代、政府猪肉储备调节政策的重要补充，以及可与生猪生产直接补贴政策、生猪疫病

1

补助政策相辅相成，助推生猪生产的现代化。

再次，从川猪产业振兴背景下生猪市场调控机制的理论逻辑出发，构建由四川省农业农村厅与财政厅主导、四川省财政厅给予财政补贴、中国银行保险监督管理委员会四川监管局监管、商业保险公司负责具体运作与中国农业再保险股份有限公司提供再保险的利润保险运行机制。从生猪养殖利润计算公式、基本养殖利润保障、免赔额、保险期间等方面，设计生猪利润保险方案的具体内容，并运用非参数核密度估计与多元 Copula 函数相结合的方法厘定设计的生猪利润保险方案费率。

最后，根据生猪利润保险在生猪市场调控中可能的作用与生猪利润保险机制的设计结果，分别从政府、养殖户、保险公司与生猪市场四个方面，运用模拟测算与广义回归神经网络（GRNN）模型评估生猪利润保险机制在四川省生猪市场调控中的实施效果。研究发现生猪利润保险机制具有提高财政资金使用效率、扩大保险公司的业务规模、增加养殖户的收益与稳定生猪市场供应的作用。

目　　录

第一章 概 论

第一节 研究背景及意义

一、研究背景

养猪业是关乎国计民生的重要产业,猪肉是我国大多数居民主要的肉食品。2018 年 10 月,非洲猪瘟疫情发生之后,能繁母猪和生猪存栏下降较多,产能明显下滑,在一系列稳定生猪生产的政策支持下,生猪生产逐渐恢复到常年水平。但生猪产能恢复后,生猪市场价格陷入低迷,饲料成本不断上涨,生猪养殖出现亏损,养殖户发展生产的积极性受挫。作为全国最大的生猪生产省份,四川省在 2019 年初提出制订并实施川猪产业振兴工作推进方案,强化政策支持和机制创新,推动生猪产业转型发展。随后四川省农业农村厅等 15 部门联合推出川猪产业振兴工作方案,从财政支持与金融支持等方面保障生猪养殖户或企业的收益,推动生猪产业转型升级。

为稳定四川省生猪市场供应,政府部门已出台了多种生猪市场调控政策,包括生猪生产直接补贴政策、生猪信贷支持政策、生猪保险政策、政府猪肉储备调节政策与生猪疫病补助政策等,且相关政策已连续实施多年,但现行四川省生猪市场调控政策仍面临参与主体繁多、补贴交叉重叠、政策调控时机不清晰、政策稳定性不足、市场化调控政策有限及反周期支持不足等困境。生猪利润保险作为四川省生猪价格指数保险与饲料成本保险的结合,是一种连续性的反周期补贴政策,能达到与现行四川省生猪市场调控政策相同的政策目标,为生猪养殖户或企业提供收益保障。且生猪利润保险不仅不会直接干预生猪市场价格,还具有减轻国家财政资金压力、提高农业服务体系运行效率、属于 WTO "绿箱" 政策的比较优势,可化解现行生猪市场调控政策面临的多重困境，探讨其在生猪市场调控中的政策定位与作用具有重要的理论与现实意义。

综上所述，本书聚焦于川猪产业振兴背景下的政策支持与机制创新，在探讨生猪利润保险在生猪市场调控中的政策定位与可能作用的基础上，深入研究四川省生猪市场调控的利润保险机制设计，并分别从政府、保险公司、生猪养殖户与生猪市场四个方面模拟评估生猪利润保险机制的实施效果。

二、研究意义

（一）理论意义

本书系统梳理生猪市场调控的演进历程与现行生猪市场调控面临的困境，比较分析生猪利润保险与现行生猪市场调控政策的运作原理、实施方式与效果，进而得出生猪利润保险在生猪市场调控中的政策定位与可能作用，可丰富农产品市场调控的相关理论。根据生猪利润保险机制的政策目标，设计生猪利润保险的运行机制与具体方案，并应用核密度估计与多元 Copula 函数相结合的方法厘定设计的生猪利润保险方案费率，拓展农业保险与非寿险精算的相关理论。

（二）现实意义

本书设计的生猪利润保险机制可化解四川省生猪市场调控政策的困境，是一种政府主导、商业保险公司运作的保险方案，可作为生猪市场调控的重要市场化政策工具，是生猪市场调控政策的创新手段，可助推生猪市场支持政策体系的完善，为政府制定川猪产业振兴政策支持的长效机制提供决策参考，强化乡村振兴制度性供给。本书中生猪利润保险方案的设计与定价有助于为保险公司开发满足生猪养殖户或企业实际需求的保险产品与科学费率厘定提供参考，提高保险公司的经营效益。

第二节 基本概念界定

一、川猪产业振兴的相关概念

目前学术界对产业振兴的概念界定尚不明确，也没有确切的标准衡量产业振兴的实现程度。但通过梳理现有文献，发现学者们对产业振兴的内涵已达成一定的共识，即通过产业发展能促进产业经济发展、增加农民收入、改善人民生活，这就是产业振兴（廖嗨烽、王凤忠和高雷，2021[①]）。

四川省生猪产业基础扎实，但随着国内其他省份生猪生产的快速发展与非洲猪瘟疫情的冲击，四川作为第一养猪大省的地位受到严峻挑战。为落实党中央、国务院和四川省委、省政府稳定生猪生产保障市场供应的部署要求，深入实施乡村振兴战略，加快建设"10＋3"现代农业产业体系，推进川猪产业振兴，四川省制订了川猪产业振兴工作推进方案。

综上所述，本书研究的川猪产业振兴是指在非洲猪瘟疫情的冲击下，政府部门在财政、金融等方面出台的一系列生猪生产支持政策，以保障生猪养殖户或企业的收益，促进四川省生猪产业的转型升级。

二、生猪市场调控的相关概念

由于市场经济本身的缺陷问题，市场运行会出现失灵、垄断与信息不对称等一系列问题，故政府需在必要时进行调控。凯恩斯主义者主张用政府宏观调控来干预经济活动，以保证市场有效运行。学术界从不同视角界定了市场调控的概念。一些学者认为市场调控是指政府作为调控主体，对市场经济行为的干预、规范和管理，既包括对宏观经济形势的把握和调节，也包括对各种市场个体的引导和秩序的规范。还有一些学者提出市场调控是一个市场经济概念，市场调控措施应以充分发挥市场机制的基础作用为前提，以校正市场机制的固有缺陷为目的，政策的实施应尽量避免对市场机制积极作用的损害。综上所述，

---

① 廖嗨烽、王凤忠、高雷：《中国乡村产业振兴实施路径的研究述评及展望》，《技术经济与管理研究》，2021 年第 11 期，第 112～115 页。

本书认为市场调控是指在市场经济条件下，为保证国民经济健康发展，政府部门运用经济、法律和行政等手段，对特定领域内经济总体运行进行规范和调节的行为。

目前还没有学者界定生猪市场调控的内涵。结合市场调控的概念界定，本书认为生猪市场调控是指为保障生猪市场生产、流通体系的健康运行，政府部门运用经济、法律和行政手段从宏观上对生猪生产、流通和消费各环节进行调节和控制，以保障生猪市场总体供求平衡和稳定。

三、生猪利润保险的相关概念

生猪利润保险的相关概念包括生猪价格指数保险、生猪饲料价格保险与生猪利润保险。学者们从不同的角度对其概念进行界定。

（一）生猪价格指数保险的概念界定

周志鹏（2014[①]）认为生猪价格指数保险是一种较为新颖的农业保险产品，它是对生猪饲养者因市场价格大幅波动，生猪价格低于目标价格指数或者生猪收益低于预期收益时造成的损失给予经济赔偿的一种制度安排。廖朴和何溯源（2017[②]）提出生猪价格指数保险以价格为标的，为生猪市场价格风险提供保障，即当价格指数（一般为猪粮比）低于某个约定值时，保险公司将根据价差进行赔付。笔者结合以上概念与本书的主要研究内容得出，生猪价格指数保险是为生猪养殖户提供生猪价格下跌风险保障的保险，即当实际生猪价格指数低于预期约定的生猪价格指数时，给予生猪养殖户经济赔偿。

（二）生猪饲料价格保险的概念界定

目前还没有学者给出生猪饲料价格保险的相关概念，结合现行生猪市场推出的生猪饲料价格保险方案，本书认为生猪饲料价格保险是当生猪主要饲料原料价格上涨超过约定水平时，给予生猪养殖户的一种经济补偿制度安排。

---

① 周志鹏：《美国生猪毛利润保险对中国生猪价格指数保险的启示》，《世界农业》，2014 年第 12 期，第 45～48 页。

② 廖朴、何溯源：《我国生猪价格保险中的逆选择分析》，《保险研究》，2017 年第 10 期，第 79～86 页。

（三）生猪利润保险的概念界定

周志鹏（2014①）指出生猪利润保险通过同时对冲生猪出栏价格、玉米价格和大豆价格波动风险而形成的一种类似捆绑式期权，以保障生猪的利润不因单一价格变动而变动，而生猪价格指数保险仅仅为生猪价格风险提供保障，不对饲料成本上涨导致的收入下降进行赔偿。夏益国、黄丽和傅佳（2015②）认为生猪利润保险主要承保被保险人饲养生猪的毛利润（gross margin）风险，即生猪市场价值与饲料成本之差的风险。结合以上概念与本书的主要研究内容，本书认为生猪利润保险是为生猪养殖户针对产出价格下跌或投入价格上涨导致的生猪养殖利润损失而给予经济补偿的一种制度安排。

第三节　基本研究思路与主要研究内容

一、基本研究思路

首先，本书从四川省生猪市场价格波动的特征及调控政策的演进历程着手，深入分析现行四川省生猪市场调控政策面临的困境。其次，通过介绍美国生猪市场调控的利润保险实践，给出生猪利润保险的内涵与运营模式，通过比较生猪利润保险与现行四川省生猪市场调控政策的政策目标与运作机制，给出生猪利润保险在四川省生猪市场调控中的可能作用与政策定位。再次，从川猪产业振兴背景下生猪市场调控机制的理论逻辑出发，构建生猪利润保险的运行机制、具体方案，并运用非参数核密度估计与多元 Copula 函数方法厘定本书设计的生猪利润保险方案费率。最后，从政府、养殖户、保险公司与生猪市场四个方面，模拟评估生猪利润保险机制在四川省生猪市场调控中的实施效果。

本书的研究思路见图 1—1。

---

① 周志鹏：《美国生猪毛利润保险对中国生猪价格指数保险的启示》，《世界农业》，2014 年第 12 期，第 45～48 页。

② 夏益国、黄丽、傅佳：《美国生猪毛利保险运行机制及启示》，《价格理论与实践》，2015 年第 7 期，第 43～45 页。

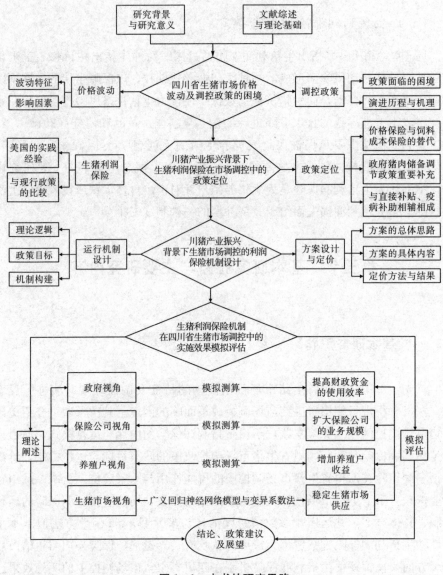

图 1-1　本书的研究思路

二、主要研究内容

第一章，概论。本章阐述研究背景与意义，初步界定川猪产业振兴、生猪市场调控与生猪利润保险的相关概念，并给出本书的基本研究思路、主要研究内容、研究方法、创新点及不足之处。

　　第二章，文献综述与理论基础。本章分别梳理了生猪市场价格波动、生猪市场调控与生猪利润保险的相关文献，从文献研究视角给出生猪市场调控的利润保险机制设计与实施效果评估相关研究的重要性；介绍了本书研究的理论基础，包括市场失灵、政府干预等市场调控的相关理论，产业规制与产业政策等产业振兴的相关理论，准公共产品属性、逆向选择与道德风险等农业保险的相关理论。

　　第三章，四川省生猪市场价格波动及调控政策的困境。本章分别运用 H-P 滤波法、X-12-ARIMA 季节调整法与指数异方差自回归模型（EGARCH）度量生猪价格的波动特征，研究发现四川省生猪出栏价格波动呈现出明显的周期性、集聚性、非对称性特点，并从供给、需求与外部冲击三个方面，分析生猪价格波动的影响因素。梳理四川省生猪市场调控政策演进的四个历程，将现行四川省生猪市场调控政策分为生猪生产直接补贴政策、生猪信贷支持政策、生猪保险政策、政府猪肉储备调节政策与生猪疫病补助政策五大类别。详细分析现行四川省生猪市场调控政策的具体内容，发现其面临调控政策多样、参与主体繁多、补贴交叉重叠、政策调控时机不清晰、政策稳定性不足、市场化调控政策有限与反周期支持不足等困境。

　　第四章，川猪产业振兴背景下生猪利润保险在市场调控中的政策定位。本章比较分析美国生猪市场调控的四大政策体系，得出生猪利润保险是有效的市场化生猪市场调控工具。介绍美国生猪利润保险的实践方案与再保险协议，得出经验启示。通过比较生猪利润保险与现行四川省市场调控政策的目标、运作机理与实施效果，从生猪市场、政府、保险公司、消费者与养殖户等方面，提出利润保险在四川省生猪市场调控中的可能作用。基于政策属性与政策比较结果，给出生猪利润保险的政策定位，即其可在四川省生猪市场调控中作为生猪价格指数保险与饲料成本保险的替代、政府猪肉储备调节政策的重要补充，以及可与生猪生产直接补贴、生猪疫病补助政策相辅相成，助推生猪生产的现代化。

　　第五章，川猪产业振兴背景下生猪市场调控的利润保险机制设计。本章从川猪产业振兴背景下生猪市场调控机制的理论逻辑出发，给出生猪利润保险机制的政策目标，进而构建由四川省农业农村厅与财政厅主导、四川省财政厅给予财政补贴、中国银行保险监督管理委员会四川监管局监管、商业保险公司负责具体运作与中国农业再保险股份有限公司提供再保险的利润保险运行机制。从生猪养殖利润计算公式、基本养殖利润保障、免赔额、保险期间等方面，设计生猪利润保险方案的具体内容。运用非参数核密度估计与多元 Copula 函数相结合的方法厘定本书设计的生猪利润保险方案费率，并用参数法与多元

Copula 函数的方法对定价结果进行稳健性检验，发现基于非参数核密度估计与多元 Copula 函数的定价结果是稳健可靠的。

第六章，生猪利润保险机制在四川省生猪市场调控中的实施效果模拟评估。本章根据生猪利润保险机制在生猪市场调控中可能的作用分析与生猪利润保险机制的设计结果，分别从政府、养殖户、保险公司与生猪市场四个方面，运用模拟测算与广义回归神经网络模型评估生猪利润保险机制在四川省生猪市场调控中的实施效果，研究发现生猪利润保险机制具有提高财政资金使用效率、扩大保险公司业务规模、增加养殖户收益与稳定生猪市场供应的作用。

第七章，研究结论与政策建议。本章总结本书的研究内容，归纳出四大主要研究结论，并给出相应的政策建议。

第四节　研究方法

一是文献研究方法。通过梳理、归纳和评述生猪市场价格波动、生猪市场调控与生猪利润保险的相关文献，明确本书的研究起点、可能的贡献与创新点，初步确定项目研究采用的基本理论和实证研究方法。

二是实证研究方法。分别从政府、养殖户、保险公司与生猪市场四个方面，运用模拟测算和广义回归神经网络模型评估生猪利润保险机制在四川省生猪市场调控中的实施效果。

三是随机模拟方法。为厘定设计的生猪利润保险方案费率，选用非参数核密度估计与多种参数模型模拟生猪出栏价格、玉米价格、豆粕价格、小麦麸价格与仔猪价格的波动特征，并以多元 Copula 函数连接五种价格的分布，运用蒙特卡洛（Monte Carlo）模拟法随机模拟四种价格数据各 10000 万个，厘定设计的生猪利润保险方案费率。

第五节　研究的创新点与不足之处

一、可能的创新之处

第一，理论创新：尝试探讨了生猪利润保险在生猪市场调控中的作用与政策定位。通过比较生猪利润保险与四川省现行市场调控政策的目标、运作机理与实施效果，从生猪市场、政府、保险公司、消费者与养殖户等方面，给出利润保险在四川省生猪市场调控中的可能作用。根据政策属性与政策比较结果，给出生猪利润保险的政策定位，即其可在四川省生猪市场调控中作为生猪价格指数保险与饲料成本保险的替代、政府猪肉储备调节政策的重要补充，以及可与生猪生产直接补贴、生猪疫病补助政策相辅相成，助推生猪生产的现代化。

第二，应用创新：生猪利润保险运行机制与具体方案的设计。根据生猪利润保险机制的政策目标，构建由四川省农业农村厅与财政厅主导、四川省财政厅给予财政补贴、中国银行保险监督管理委员会四川监管局监管、商业保险公司负责具体运作与中国农业再保险股份有限公司提供再保险的利润保险运行机制。从生猪养殖利润计算公式、基本养殖利润保障、免赔额、保险期间、理赔期间等方面，设计具有显著降低生猪养殖户基差风险与生猪利润公式包含多种生猪养殖成本特色的生猪利润保险方案。

第三，方法创新：生猪利润保险方案的定价方法与稳定生猪市场供应的效果评估方法。本书选取数据量较大的价格月度数据对设计的生猪利润保险方案进行定价，采用非参数方法模拟价格数据分布，提高了价格分布的拟合精确度，选取多元 Copula 函数精确刻画生猪出栏价格、仔猪价格与饲料价格波动之间的相关关系，且运用蒙特卡洛模拟方法，提高了定价的科学性与准确率。本书尝试运用广义回归神经网络模型构建生猪出栏量预测模型，根据生猪利润保险机制的赔付原则，改变广义回归神经网络模型的生猪养殖利润投入指标，预测不同免赔额下的生猪出栏量，并采用变异系数法预测产量波动差异的大小，测度生猪利润保险机制是否具有稳定生猪市场供应的作用。

二、不足之处

虽然我们已尽力去完善现有研究，但由于研究目标、研究范围与研究条件的限制，本书仍存在一些不足之处。

第一，由于目前四川省生猪市场仍未推出生猪利润保险试点，难以从微观视角实证分析生猪利润保险机制对生猪养殖户的作用，因此我们根据生猪利润保险机制的运作原理，尝试从宏观方面模拟测算生猪利润保险方案的具体内容与生猪养殖户的收益，以评估生猪利润保险机制在生猪市场调控中的实施效果。

第二，由于生猪产量数据缺乏月度统计数据，我们尝试采用年度生猪产量数据进行效果评估，尽管无法利用本书中生猪利润保险方案的费率厘定结果，但能基于农业保险定价的公平保费方法估计承保周期为 1 年的生猪利润保险方案费率，进而模拟评估其对政府和保险公司作用的实施效果。

第二章　文献综述与理论基础

第一节　文献综述

一、生猪市场价格波动的相关文献

国外学者认为蛛网理论是生猪价格波动呈现出明显周期性特征的一个较好解释（Harlow，1960[①]）。缺乏市场信息、生产滞后、盲目决策与不可预期事件等是生猪价格周期性波动的原因（Ruth、Cloutier 和 Garcia，1998[②]）。生猪生产者的反周期行为并没有减弱生猪价格的周期性波动（Hayes 和 Schmitz，1987[③]）。

国内学者认为生猪价格过度波动不仅会冲击生猪养殖户的生产稳定与宏观经济政策（朱增勇，2021[④]），还会影响养殖户和消费者的福利。付莲莲和童歆越（2021[⑤]）采用 Minot 和 Goletti 福利模型，探讨生猪价格波动对主产区养殖户短期与长期福利的影响，发现生猪价格剧烈波动会导致养殖户福利下降。一些学者运用 H－P 滤波、时间序列分解方法、三区制马尔科夫转移模

---

① Arthur A Harlow：The hog cycle and the cobweb theorem，Journal of farm economics，1960（4）：842－853.

② Matthias Ruth，Martin L Cloutier，Philip Garcia：A nonlinear model of information and coordination in hog production：testing the Coasian－Fowlerian dynamic hypotheses，https：//ageconsearch. umn. edu/record/20971/.

③ Dermot J Hayes，Andrew Schmitz：Hog cycles and countercyclical production response，American journal of agricultural economics，1987（4）：762－770.

④ 朱增勇：《中国猪肉价格周期性波动与稳定机制建设研究——基于中国猪肉价格周期性波动分析》，《价格理论与实践》，2021 年第 6 期，第 13～16 页。

⑤ 付莲莲、童歆越：《生猪价格波动对农户福利效应的异质性影响》，《统计与决策》，2021 年第 16 期，第 90～94 页。

型、B-N 分解法等技术，研究发现我国生猪价格呈现出随机性、周期性与复杂网络波动特征（毛学峰和曾寅初，2008[①]；王明利和李威夷，2010[②]；潘方卉、刘丽丽和庞金波，2016[③]；罗千峰和张利庠，2018[④]；张敏，2018[⑤]；付莲莲、冯家璇和赵一恒，2019[⑥]）。

生猪价格波动的影响因素众多，包括供给、需求、饲料成本价格、通货膨胀、国内经济环境、国际贸易、生猪疫病与规模化养殖比例等（杜旸，2020[⑦]；熊涛，2021[⑧]）。规模化养殖能平抑生猪价格波动，其对生猪生产波动的平抑作用存在地区差异和大、中、小规模经营的结构差异，且中规模养殖对生猪价格波动的平抑作用最强、受疫病影响最弱（刘烁、郭军和陶建平等，2021[⑨]）。非洲猪瘟疫情暴发后，学者们开始关注重大疫情冲击对生猪价格或产业波动的影响。非洲猪瘟疫情是生猪产业链中各环节价格波动的 Granger 原因（马名慧和邵喜武，2020[⑩]），但不同时期作用方向无法确定（吴佳惠和陈蓉，2021[⑪]）。生猪养殖主体的供给反应因疫情冲击的不同类型而变化（王刚毅、王佳美和王孝华，2019[⑫]）。学者们还运用平滑转换模型探讨了生猪产业

---

① 毛学峰、曾寅初：《基于时间序列分解的生猪价格周期识别》，《中国农村经济》，2008 年第 12 期，第 4~13 页。

② 王明利、李威夷：《生猪价格的趋势周期分解和随机冲击效应测定》，《农业技术经济》，2010 年第 12 期，第 68~77 页。

③ 潘方卉、刘丽丽、庞金波：《中国生猪价格周期波动的特征与成因分析》，《农业现代化研究》，2016 年第 1 期，第 79~86 页。

④ 罗千峰、张利庠：《基于 B-N 分解法的我国生猪价格波动特征研究》，《农业技术经济》，2018 年第 7 期，第 93~106 页。

⑤ 张敏：《生猪价格的周期波动与成分结构》，《云南财经大学学报》，2018 年第 11 期，第 101~112 页。

⑥ 付莲莲、冯家璇、赵一恒：《生猪价格波动的复杂网络特征及模态传导》，《复杂系统与复杂性科学》，2019 年第 4 期，第 82~89 页。

⑦ 杜旸：《中国生猪价格周期性波动分析、展望及对策》，《价格月刊》，2020 年第 4 期，第 1~5 页。

⑧ 熊涛：《我国猪肉价格的影响因素是时变的吗？——基于动态模型平均的分析与预测》，《华中农业大学学报（社会科学版）》，2021 年第 3 期，第 63~73、186 页。

⑨ 刘烁、郭军、陶建平等：《规模化养殖能平缓生猪价格波动吗？》，《世界农业》，2021 年第 10 期，第 93~104 页。

⑩ 马名慧、邵喜武：《非洲猪瘟疫情下我国生猪产业价格传导机制研究——基于 VAR 模型的实证分析》，《价格月刊》，2020 年第 3 期，第 7~14 页。

⑪ 吴佳惠、陈蓉：《生猪疫病对猪肉价格的影响——基于动态空间面板模型的实证研究》，《黑龙江畜牧兽医》，2021 年第 6 期，第 8~13、29 页。

⑫ 王刚毅、王佳美、王孝华：《差异化疫情冲击下生猪养殖主体短期供给反应研究》，《中国畜牧杂志》，2019 年第 11 期，第 169~173 页。

链间价格波动的关联性（张敏、余乐安和刘凤根，2020[①]；白华艳和关建波，2021[②]）。动物疫情导致生猪价格波动呈现出高、低波动区制两种状态，生猪产业链价格传导在不同区制状态下呈现出不同特点（陶建平、胡颖和郭军等，2021[③]）。经济政策稳定性变动对生猪产业链各环节价格的冲击在强度、方向和持续期上呈现差异性（郭婧驰和张明源，2021[④]）。

二、生猪市场调控的相关文献

由于农产品价格波动会直接减缓农业现代化速度（Barrett，1996[⑤]；World Bank，2007[⑥]），易引起国家动荡（Berazneva 和 Lee，2013[⑦]；Bush，2010[⑧]；Paarlberg，2013[⑨]；Bellemare，2015[⑩]），能够影响收入分配和社会福利均等化（Anderson，2013[⑪]；Gouel，2013[⑫]）等，国外一些政府部门非常重视农产品价格调控。部分学者认为政府直接采用行政政策会错误引导市场生产行为，故应采用保险、期货及期权等市场化工具进行调控（Newbery 和

---

① 张敏、余乐安、刘凤根：《生猪产业链价格的区制转移与非线性动态调整行为研究》，《中国管理科学》，2020 年第 1 期，第 45～56 页。

② 白华艳、关建波：《猪肉产业链非对称价格传导机制：门限效应与市场势力》，《价格理论与实践》，2021 年第 2 期，第 79～82、131 页。

③ 陶建平、胡颖、郭军等：《我国生猪市场区制转换与产业链价格关联研究》，《价格理论与实践》，2021 年第 5 期，第 57～60、148 页。

④ 郭婧驰、张明源：《经济政策稳定性对我国生猪产业链价格的影响》，《经济纵横》，2021 年第 1 期，第 98～110 页。

⑤ Christopher B Barrett：On price risk and the inverse farm size－productivity relationship，Journal of development economics，1996（2）：193－215.

⑥ World Bank：World development report 2008：agriculture for development，https://elibrary. worldbank. org/doi/abs/10. 1596/978－0－8213－6807－7.

⑦ Julia Berazneva，David R Lee：Explaining the African food riots of 2007－2008：an empirical analysis，Food policy，2013（39）：28－39.

⑧ Ray Bush：Food riots：poverty，power and protest，Journal of agrarian change，2010（1）：119－129.

⑨ Robert L Paarlberg，Robert Paarlberg：Food politics：what everyone needs to know，Oxford University Press，2013：115－132.

⑩ Marc F Bellemare：Rising food prices，food price volatility，and social unrest，American journal of agricultural economics，2015（1）：1－21.

⑪ Kym Anderson：Agricultural price distortions：trends and volatility，past，and prospective，Agricultural economics，2013（S1）：163－171.

⑫ Christophe Gouel：Food price volatility and domestic stabilization policies in developing countries，https://documents1. worldbank. org/curated/en/843061468313513424/pdf/wps6393. pdf.

Stiglitz，1979①）。另一些学者却认为用市场化工具管理农产品价格剧烈波动的效果有限（CRMG，2008②）。除牲畜补贴政策外，美国生猪产业主要采用保险机制调控市场供求，包括生猪风险保障保险（也称为价格指数保险）与毛利润保险等。

美国生猪价格指数保险（LRP 保险）类似于看跌期权，为生猪养殖户提供最低价格保障，目标价格与到期实际价格均依据美国芝加哥期货交易所（CME）的期货价格指数确定，由联邦农作物保险公司提供保费补贴和再保险协议（Larson、Mark 和 Jose，2003③；Peña、Thompson 和 Bevers 等，2008④；Griffith，2014⑤）。与期货、期权合约相比，LRP 保险既有优势，也有不足。LRP 保险具有无需支付经纪人佣金和追加保证金、购买手续简单、没有最小承保数量限制的优点，但保单缺乏流动性，有时不可得，也存在基差风险（Mark、Prosch 和 Smith，2005⑥；Milhollin、Massey 和 Bock，2014⑦）。

为应对生猪价格随机性与周期性波动风险，我国政府从 2007 年开始出台政府猪肉储备调节政策，其间经历 2012 年、2015 年与 2021 年的改革。学者们采用多种不同方法评估了该政策的实施效果，评估结果存在明显差异（廖翼

① David M Newbery，Joseph Stiglitz：The theory of commodity price stabilisation rules：welfare impacts and supply responses，Economic journal，1979（356）：799—817.

② CRMG：International task force on commodity risk management in developing countries：activities，findings and the way forward，https://documents1. worldbank. org/curated/en/93471146816 2537918/pdf/775900WP0ITF0o0in0DCs0200800PUBLIC0. pdf.

③ Matthew M Larson，Darrell R Mark，Douglas H Jose：Livestock Risk Protection insurance for cattle：a new price—risk management tool，https://digitalcommons. unl. edu/cgi/viewcontent. cgi?article =1082&amp；context=extensionhist.

④ Jose G Peña，William J Thompson，Stan Bevers，et al：Livestock Risk Protection—Lamb：new insurance program to help ranchers manage lamb price risk，https://oaktrust. library. tamu. edu/ bitstream/handle/1969. 1/87541/pdf _ 2588. pdf?sequence=1&isAllowed=y.

⑤ Andrew P Griffith：Livestock Risk Protection insurance（LRP）：how it works for feeder cattle，https://utbeef. tennessee. edu/wp—content/uploads/sites/127/2020/11/W312—LRP. pdf.

⑥ Darrell R Mark，Allen L Prosch，Rik R Smith：EC05 － 839 Livestock Risk Protection insurance：a self—study guide，https://digitalcommons. unl. edu/cgi/viewcontent. cgi?article=5790& context=extensionhist.

⑦ Ryan Milhollin，Ray Massey，Bryce Bock：Livestock Risk Protection（LRP）insurance in Missouri，https：//mospace. umsystem. edu/xmlui/bitstream/handle/10355/50739/g0459—2014. pdf? sequence=1&isAllowed=y.

和周发明，2013①；黎东升和刘小乐，2015②；周清杰和侯江源，2017③）。一些学者认为生猪临时收储政策有助于稳定生猪价格和市场供应（燕志雄、费方域和苏春江，2014④；全世文、曾寅初和毛学峰，2016⑤）。市场调控政策实施背景、主体、客体、工具、约束条件及养殖户满意度等方面的评估结果均表明我国生猪价格调控政策整体效果较好（廖翼和周发明，2012⑥）。由于调控时点选择与信息不完全问题，多数学者研究发现生猪市场调控政策对平抑生猪价格波动的作用不显著（张立中、刘倩倩和辛国昌，2011⑦；赵畅锦和熊涛，2017⑧；王宏梅和孙毅，2020⑨）。还有一些学者研究发现由于生猪市场调控时机不清晰及政策"时滞"效应问题，生猪市场调控政策不但没有起到平抑生猪价格波动的作用，反而加剧了猪肉价格波动（石榴红、刘晓璇和王硕，2013⑩；虞祎和张晖，2017⑪）。由于鲜活农产品市场调控局限性，我国生猪市场调控机制仍存在重要缺陷，可引入由财政直接补助和生产者共同出资的生猪生产周期性损害救助机制（秦中春，2014⑫）。

随着生猪养殖技术的不断提升，外加生猪市场调控政策的作用有限，生猪

---

① 廖翼、周发明：《我国生猪价格调控政策分析》，《农业技术经济》，2013 年第 9 期，第 26～34 页。

② 黎东升、刘小乐：《我国生猪价格波动新特征——基于 HP 和 BP 滤波法的实证分析》，《农村经济》，2015 年第 6 期，第 52～55 页。

③ 周清杰、侯江源：《我国生猪市场价格调控中的"猪粮比价"：理论内涵与实践反思》，《北京工商大学学报（社会科学版）》，2017 年第 5 期，第 118～126 页。

④ 燕志雄、费方域、苏春江：《生猪周期、政策多样性与政府干预》，《农业经济问题》，2014 年第 8 期，第 16～24、110 页。

⑤ 全世文、曾寅初、毛学峰：《国家储备政策与非对称价格传导——基于对中国生猪价格调控政策的分析》，《南开经济研究》，2016 年第 4 期，第 136～152 页。

⑥ 廖翼、周发明：《我国生猪价格调控政策运行机制和效果及政策建议》，《农业现代化研究》，2012 年第 4 期，第 430～434 页。

⑦ 张立中、刘倩倩、辛国昌：《我国生猪价格波动与调控对策研究》，《经济问题探索》，2013 年第 11 期，第 117～122 页。

⑧ 赵畅锦、熊涛：《多尺度视角下生猪价格波动特征及调控政策的混合分析模型及实证》，《系统工程》，2017 年第 12 期，第 93～104 页。

⑨ 王宏梅、孙毅：《缓解生猪市场波动的政府调控机制研究》，《山东社会科学》，2020 年第 5 期，第 123～128 页。

⑩ 石榴红、刘晓璇、王硕：《我国政府宏观调控政策有效性研究——以生猪产业为例》，《财经问题研究》，2013 年第 11 期，第 31～35 页。

⑪ 虞祎、张晖：《猪肉储备政策对价格的影响及福利分析》，《南京农业大学学报（社会科学版）》，2017 年第 6 期，第 101～109、165 页。

⑫ 秦中春：《我国生猪市场调控的局限与对策选择》，《中国畜牧杂志》，2014 年第 12 期，第 3～9 页。

价格风险已成为影响养殖户收入的重要因素，各地于 2011 年开始探索生猪价格指数保险实践（张峭、汪必旺和王克，2015[①]；卓志和王禹，2015[②]）。养殖收入占比、风险认知程度、养殖规模以及市场波动等因素显著影响了养殖户的参保意愿（鞠光伟、张燕媛和陈艳丽，2018[③]；林乐芬和刘贺露，2018[④]）。生猪价格指数保险尽管在一定程度上减少了生猪养殖户的市场风险损失、稳定了养殖户生产行为，但其却面临目标价格厘定困难、系统性风险较大及逆向选择问题严重等困境（鞠光伟、王慧敏和陈艳丽，2016[⑤]）。生猪价格波动的周期性特征是生猪价格指数保险面临系统性风险的重要原因，以"猪粮比"为赔付指标的价格指数保险存在一定的局限性（马彪和李丹，2018[⑥]）。系统性的价格风险无法完全通过商业化的价格指数保险得以分散，需由政府给予托底支持（张政伟、杜锐和张在一，2018[⑦]）。当前生猪生产成本构成已发生重要变化，但国内生猪市场调控政策与价格指数保险均以"猪粮比"为指标，故政策干预与承保效果并不尽如人意（李炳莲和魏君英，2014[⑧]；周清杰和侯江源，2017[⑨]）。因此，构建支持中国生猪产业可持续发展的长效机制显得尤为重要（张利庠、罗千峰和韩磊，2020[⑩]）。

---

① 张峭、汪必旺、王克：《我国生猪价格保险可行性分析与方案设计要点》，《保险研究》，2015 年第 1 期，第 54~61 页。

② 卓志、王禹：《生猪价格保险及其风险分散机制》，《保险研究》，2016 年第 5 期，第 109~119 页。

③ 鞠光伟、张燕媛、陈艳丽等：《养殖户生猪保险参保行为分析——基于 428 位养殖户问卷调查》，《农业技术经济》，2018 年第 6 期，第 81~91 页。

④ 林乐芬、刘贺露：《规模养殖户购买生猪价格指数保险的决策响应及影响因素分析》，《河北经贸大学学报》，2018 年第 4 期，第 87~94 页。

⑤ 鞠光伟、王慧敏、陈艳丽等：《我国生猪目标价格保险实践的效果评价及可行性研究——以北京、四川、山东为例》，《农业技术经济》，2016 年第 5 期，第 102~109 页。

⑥ 马彪、李丹：《生猪价格指数保险中的系统性风险问题研究》，《农业技术经济》，2018 年第 8 期，第 112~123 页。

⑦ 张政伟、杜锐、张在一：《生猪价格风险责任分担：基于 EEMD 的分解》，《保险研究》，2018 年第 4 期，第 55~64 页。

⑧ 李炳莲、魏君英：《猪粮比价指标的重构问题研究》，《农业技术经济》，2014 年第 6 期，第 74~79 页。

⑨ 周清杰、侯江源：《我国生猪市场价格调控中的"猪粮比价"：理论内涵与实践反思》，《北京工商大学学报（社会科学版）》，2017 年第 5 期，第 118~126 页。

⑩ 张利庠、罗千峰、韩磊：《构建中国生猪产业可持续发展的长效机制研究》，《农业经济问题》，2020 年第 12 期，第 50~60 页。

三、生猪利润保险的相关文献

美国牲畜毛利润保险（LGM）和利润保障项目（MPP）为牲畜养殖户或企业的毛利润提供保障，养殖牲畜及饲料数量由合同双方事先确定，其本质是保障养殖户的产出和投入品价格风险，故将其纳入价格保险范畴。在 LGM 保险中，牲畜产出及饲料价格均依据期货市场确定，只要到期时养殖户的毛利润低于约定利润，即可获得赔付（Waterbury、Small 和 Mark，2007[①]；Valvekar、Cabrera 和 Gould，2008[②]；Cabrera、Gould 和 Valvekar，2009[③]；McDonald 和 Diersen，2010[④]；Gould 和 Cabrera，2011[⑤]；Thraen，2012[⑥]）。与 LGM 保险的保险内容类似，MPP 项目由 2014 年农业法案推出，其产出和投入品数量依据地区价格指数设定（Newton、Bozic 和 Wolf 等，2014[⑦]），但这两类保险的保障水平、售卖时间、赔款支付、费率及政府补贴均有所不同（Newton 和 Thraen，2014[⑧]）。

LGM 保险承保的毛利润呈现出均值回复特征，而非可预测的周期性特

---

① Josie A Waterbury，Rebecca M Small，Darrell R Mark：Livestock Gross Margin insurance for swine，https://digitalcommons. unl. edu/cgi/viewcontent. cgi?article=1325&context=agecon _ cornhusker.

② Mayuri Valvekar，Victor E Cabrera，Brian W Gould：LGM－Dairy：Livestock Gross Margin insurance for dairy, a new risk management tool available for wisconsin dairy producers，https://dairymgt. info/publications/extension _ publications/2008 _ UWEX _ Valvekar. pdf.

③ Victor E Cabrera，Brian W Gould，Mayuri Valvekar：Livestock Gross Margin insurance for dairy cattle：an analysis of program performance and cost under alternative policy configurations，https://ageconsearch. umn. edu/record/49262/files/610926. pdf.

④ Tia McDonald，Matthew Diersen：Livestock Gross Margin for dairy products，https://openprairie. sdstate. edu/cgi/viewcontent. cgi?article=1159&context=extension _ fact.

⑤ Brian W Gould，Victor E Cabrera：USDA's Livestock Gross Margin insurance for dairy：what is it and how can it be used for risk management，https://www. researchgate. net/profile/Victor－Cabrera－10/publication/254407372 _ USDA%27s _ Livestock _ Gross _ Margin _ Insurance _ for _ Dairy _ What _ Is _ It _ and _ How _ Can _ It _ Be _ Used _ for _ Risk _ Management/links/0c96053a0328d6fa6c000000/USDAs－Livestock－Gross－Margin－Insurance－for－Dairy－What－Is－It－and－How－Can－It－Be－Used－for－Risk－Management. pdf.

⑥ Cameron S Thraen：Do I need Livestock Gross Margin insurance?，https://aede. osu. edu/sites/aede/files/!import/LGM _ Dairy _ EvaluationGuide(2). pdf.

⑦ John Newton，Marin Bozic，Chris Wolf，et al：Option valuation and speculative interest in a MPP－Dairy margin futures contract，https://ageconsearch. umn. edu/record/186633.

⑧ John Newton，Cameron Thraen：Livestock Gross Margin insurance for dairy：the other dairy safety net solution，Farmdoc daily，2014（4）：110.

征，可见以保险方式管理毛利润波动风险是合理的（Bozic、Newton 和 Thraen，2012[①]），且产品设计及准确定价可有效规避道德风险和逆向选择问题（Newton、Thraen 和 Bozic，2013[②]）。LGM 保险合同费率厘定的基础假设严重影响费率结果的准确性。波动率微笑和倾斜对费率影响较大（Blayney 和 Mosheim，2014[③]），且 LGM 保险基于 Copula 函数的非参数费率厘定结果比线性相关的费率低了很多（Bozic、Newton 和 Thraen 等，2012[④]）。养殖户的 LGM 保险已实施多年，对养殖户的毛利润波动风险管理效果逐步显现（Burdine 和 Maynard，2012[⑤]；Burdine、Kusunose 和 Maynard，2014[⑥]）。尽管 MPP 保险运行没有多长时间，但对地区平均利润波动风险的降低有显著效应（Nelson、Neibergs 和 Driver，2014[⑦]；Mark 和 Burdine，2015[⑧]；Mark、Burdine 和 Cessna 等，2016[⑨]）。

　　国内一些学者介绍了美国生猪利润保险的具体实践经验，以期给国内生猪

[①] Marin Bozic，John Newton，Cameron Thraen，et al：Mean−reversion in income over feed cost margins：evidence and implications for managing margin risk by US dairy producers，Journal of dairy science，2012（12）：7417−7428.

[②] John Newton，Cameron Thraen，Marin Bozic：Actuarially fair or foul? Asymmetric information problems in dairy margin insurance，https：//ageconsearch. umn. edu/record/285796/.

[③] Donald Blayney，Roberto Mosheim：Livestock Gross Margin − Dairy—an effective risk management tool，https：//ageconsearch. umn. edu/record/211799.

[④] Marin Bozic，John Newton，Cameron Thraen，et al：Exploring underlying distributional assumptions of Livestock Gross Margin insurance for dairy，https：//ageconsearch. umn. edu/record/285770/.

[⑤] Kenneth H Burdine，Leigh J Maynard：Risk reduction of LGM−Dairy and its potential impact on production，https：//ageconsearch. umn. edu/record/124180/.

[⑥] Kenneth H Burdine，Yoko Kusunose，Leigh J Maynard，et al：Livestock Gross Margin − Dairy：an assessment of its effectiveness as a risk management tool and its potential to induce supply expansion，Journal of agricultural and applied economics，2014（2）：245−256.

[⑦] Jon Paul Driver，Shannon Neibergs，John Nelson：Overview of the Agricultural Act of 2014：Dairy Margin Protection Program and its implications for Washington dairy farmers，https：//rex. libraries. wsu. edu/esploro/outputs/report/Overview − of − the − Agricultural − Act − of/9990050306 0901842.

[⑧] Tyler B Mark，Kenneth H Burdine：Will the new dairy margin protection program reduce risk for dairies?，https：//ageconsearch. umn. edu/record/196878/files/R … %20for%20Dairies. pdf.

[⑨] Tyler B Mark，Kenneth H Burdine，Jerry Cessna，et al：The effects of the margin protection program for dairy producers，https：//ageconsearch. umn. edu/record/262192/.

市场调控提供经验借鉴（周志鹏，2014①；夏益国、黄丽和傅佳，2015②）。美国的生猪利润保险基于期货价格设计产品，可有效规避逆向选择问题（马改艳和周磊，2016③），有助于规避生猪价格的周期性波动风险（周志鹏，2014④）。2014 年美国农业法案推出的牲畜利润保险项目使得牲畜支持计划实现了由价格支持向利润保障的转型（袁祥州、程国强和齐皓天，2015⑤）。

四、文献述评

国内外学者均认为由于生猪价格呈现出明显的周期性波动特征，其价格波动风险给生猪生产者和消费者造成严重的福利损失，故国内外政府部门分别采用不同的调控政策管理生猪价格波动风险。美国主要采用间接的市场调控政策，包括生猪价格保险、毛利润保险与利润保障项目等。生猪利润保障项目已不仅仅是商业化的保险产品，而是政府采用保险机制调控市场的重要行政手段，均取得了较好的实施效果。目前，国内仍主要采用猪肉储备调节等直接的市场调控政策，尽管一些学者认为该政策取得了一定效果，但多数学者研究发现该政策不仅不能起到平抑生猪价格波动的作用，反而会加大市场波动。为此，国家于 2011 年开始探索生猪价格指数保险等间接的市场调控政策，此险种以"猪粮比"或"生猪价格"作为承保和理赔的价格指数。

国外学者已分别从具体实施方案、与期货期权的比较、实施效果及各险种之间的比较等方面研究了生猪市场调控的价格与毛利润保险。国内生猪价格保险的相关研究仍处于探索阶段，现有研究主要集中于具体实施方案与消费者购买决策的影响因素等方面，尽管已有学者指出由于承保与理赔指数不尽合理，目前国内推行的生猪价格指数保险系统性风险较高，但仍没有学者探讨可否采用保险机制代替政府猪肉储备调节政策，以及生猪市场调控的保险机制设计与

---

① 周志鹏：《美国生猪毛利润保险对中国生猪价格指数保险的启示》，《世界农业》，2014 年第 12 期，第 45~48 页。

② 夏益国、黄丽、傅佳：《美国生猪毛利保险运行机制及启示》，《价格理论与实践》，2015 年第 7 期，第 43~45 页。

③ 马改艳、周磊：《美国生猪价格保险的经验及对中国的启示》，《世界农业》，2016 年第 12 期，第 32~37 页。

④ 周志鹏：《美国生猪毛利润保险政策对我国稳定生猪生产的启示》，《黑龙江畜牧兽医》，2014 年第 22 期，第 14~15 页。

⑤ 袁祥州、程国强、齐皓天：《美国奶业安全网：历史演变、现实特征与发展趋势》，《农业经济问题》，2015 年第 10 期，第 101~109、112 页。

实施效果，而这正是本书研究的主要内容。

第二节　理论基础

一、市场调控的相关理论

（一）市场失灵理论

市场失灵又称为市场失败、市场失效，是指由于市场机制的内在原因，出现市场调节的局限性和失效性[①]。自 1776 年亚当·斯密[②]提出"看不见的手"以来，论证市场机制作用的前提与结果就成为微观经济学的核心内容。一般均衡的存在与福利经济学的基本定理是 20 世纪现代经济理论的最大成果之一，但该成果依赖于帕累托最优与帕累托效率的相关概念，是以完全竞争市场假设为前提的（萨拉尼耶，2004[③]）。当产品单一、价格接受者、信息完全等完全竞争市场的条件不能满足时，市场机制作用难以发挥，不能达到帕累托最优，便出现了市场失灵问题。

常见的市场失灵问题包括垄断、外部性、公共物品与信息不完全。单一经济垄断会导致价格高、产品数量少与质量较低，造成严重的福利损失。由于产品差异而导致的垄断势力普遍存在于现实生活中，应考虑到熊彼特提出的此类垄断势力对产品创新的贡献，针对不同情况给出不同的解决方案。当私人边际收益（成本）与社会边际收益（成本）不同时，外部性就出现了。罗纳德·科斯（1960 年）[④] 提出当产权界定清晰、交易费用为零时，外部性可通过产权各方的自由交换得以解决，但假设条件是非常苛刻且难以实现的。

1896 年，瑞典经济学家克努特·维克塞尔[⑤]在《财政理论研究》一书中提

---

① 洪银兴：《现代经济学大典（下卷）》，经济科学出版社，2016 年，第 14～15 页。
② ［英］亚当·斯密：《国富论》，郭大力、王亚南译，商务印书馆，2021 年，第 3～18 页。
③ ［法］贝尔纳·萨拉尼耶：《市场失灵的微观经济学》，朱保华、方红生译，上海财经大学出版社，2004 年，第 10～20 页。
④ Rorald H Coase：The problem of social cost，Journal of law and ecoromics，1960，3（1）：1044.
⑤ 转引自［美］詹姆斯·M 布均南：《公共物品的需求和供给》，马珺译，上海人民出版社，2017 年，第 3～4 页。

出了"纯公共物品理论"。林达尔[①]于1919年在其博士论文《公平税收》中首次提出了"公共物品"的概念。之后，经济学家明确了公共物品的内涵，即"它一旦生产出来，生产者就无法决定谁来得到它"，这就是公共物品消费的非排他性与非竞争性。因此，公共物品引起了"搭便车"问题，导致其供给不足。哈耶克（1945）[②]较早意识到市场信息的分散性会影响个体决策，乔治·斯蒂格利茨（1961）[③]分析了保险市场的信息不完全问题，阿克洛夫于1970年[④]探讨了市场质量信息不完全导致的市场萎缩问题。信息不完全广泛存在于我们的现实生活中，增加了市场交易成本，导致逆向选择与道德风险问题。

（二）政府干预理论

政府干预是为应对市场失灵而提出的，故政府干预是指"政府旨在弥补市场失灵，促进经济活动效率、公平与稳定的行为"（萨缪尔森，1992[⑤]）。以克鲁格曼为代表的新干预主义者强调由于新型工业化国家经济实力不强，市场体系不成熟，结构方面存在严重问题，经济体存在脆弱性，特别是难以应对巨额国际投资资本冲击，政府干预和管制非常必要（陈东琪，2000[⑥]）。

系统的政府干预思想可追溯至"重商主义"，"重商主义"主张重出口的产业政策、低消费政策等，便于金银尽可能地流入国内，积累贵金属财富。18世纪中叶，重农学派兴起，主张依靠自由市场力量而非政府干预运行经济。随后，亚当·斯密的《国富论》（1776年）[⑦]、萨伊的《政治经济学概论》（1803年）[⑧]、李嘉图的《政治经济学及赋税原理》（1817年）[⑨]均阐述了自由主义经济，反对政府干预。19世纪末20世纪初，自由资本主义逐步过渡到垄断资本主义，垄断、不正当竞争等市场机制的缺陷开始不断显现，出现了经济危机、

---

①　转引自［美］詹姆斯·M布均南：《公共物品的需求和供给》，马珺译，上海人民出版社，2017年，第3～4页。

②　Friedrich August von Hayek：The use of knowledge in society，The American economic veview，1945（4）：519－530．

③　George J Stigler：The economics of information，Journal of political economy，1961，69（3）：213－225．

④　George A Akerlof：The market for "lemons"：quality uncertainty and the market mechanism，The quarterly journal of economics，1970（3）：488－500．

⑤　［美］萨缪尔森、诺德豪斯：《经济学》，萧琛译，中国发展出版社，1992年，第78～92页。

⑥　陈东琪：《新政府干预论》，首都经济贸易大学出版社，2000年，第3～24页。

⑦　［英］亚当·斯密：《国富论》，郭大力、王亚南译，商务印书馆，2021年，第425～444页。

⑧　［法］萨伊：《政治经济学概论》，陈福生、陈振骅译，商务印书馆，2020年，第236～240页。

⑨　［英］大卫·李嘉图：《政治经济学及赋税原理》，郭大力、王亚南译，商务印书馆，2021年，第254～271页。

贫富分化与大规模失业等严重的社会问题，经济学家逐渐意识到了自由放任思想的问题。1936 年，凯恩斯在《就业、利息和货币通论》一书中批评了自由放任理论及其经济政策，认为可通过采取刺激消费、增加投资、减税等政府干预政策，缓解市场机制存在的缺陷①。20 世纪 70 年代，西方资本主义国家经济面临"滞胀"问题，凯恩斯主义理论及政策主张面临窘境。"新自由主义"经济学派再次提出反对国家干预。

纠正市场失灵需要对市场失灵现象进行区分，部分市场失灵问题通过市场自身可以解决，但一些市场失灵问题是市场本身无法解决的，需要政府进行干预。政府与市场都是有力量和存在局限性的（Stiglitz，1989）②。20 世纪 90 年代之后，世界经济体遭遇金融危机与衰退风险，"新自由主义"与干预主义都不能单独解决这些问题。因此，市场和政府都是经济健康运行必不可少的重要内容。

（三）市场与政府的边界理论

1992 年，中共十四大把社会主义市场经济定义为市场在国家宏观调控下对资源配置起基础性作用。十八届三中全会将市场对资源配置所起的作用改为决定性作用，这是对市场和政府在资源配置中作用的新定位。市场对资源配置起决定性作用，意味着市场不再是在政府调节下发挥调节作用，而是自主地对资源配置起决定性作用。市场配置资源的机制是市场规则、市场价格和市场竞争。明确市场对资源配置起决定性作用就意味着完全由市场机制决定生产什么、怎样生产、谁生产，而不应该再有政府的决定性作用。

确认市场对资源配置起决定性作用绝不意味着仅依靠市场就能实现资源配置的高效率。完善的市场机制是使市场有效发挥决定性作用的基础，但这需要政府推动，因而要更好地发挥政府的作用。市场在资源配置中起决定性作用和更好地发挥政府作用，是不可分割的整体。综合各种理论界定，可以大致明确政府和市场的边界：市场决定不了的，如涉及国家安全和生态安全的问题由政府决定；市场失灵的，如公平分配、环境保护方面由政府干预；市场解决不了的，如涉及全国重大生产力布局、战略性资源开发和重大公共利益等项目由政府安排；市场调节下企业不愿意进入的，如公共性公益性项目由政府安排。在

---

① ［英］约翰·梅纳德·凯恩斯：《就业、利息和货币通论》，徐毓枬译，北京时代华文书局，2017 年，第 73~81 页。

② ［美］斯蒂格利茨：《政府为什么干预经济：政府在市场经济中的角色》，郑秉文译，中国物资出版社，1998 年，第 33~44 页。

市场对资源配置起决定性作用后，为更好地发挥政府作用，政府行为本身也要遵守市场秩序。在克服市场失灵方面，政府作用要尊重市场决定的方向。

二、产业振兴的相关理论

（一）产业规制理论

规制一词源于《新唐书·韦述传》，指规则、制度，具有规范、矫正之意。产业规制是指政府或社会对经济主体及其活动进行的微观干预，其政策目标是维持正当的市场经济秩序、提高资源配置效率，进而治理市场失灵，完善市场机制。19 世纪以来，美国、英国等国家的基础产业规制实践经历了从规制到放松，再到规制的三个阶段，规制理论也经历了传统规制理论（公共利益理论、规制俘获理论和规制经济理论）、规制放松理论（新自然垄断理论、可竞争市场理论与规制失灵理论）与激励性规制理论演变历程（对于逆向选择和道德风险问题，涉及委托代理理论下的激励框架和激励机制）。

按照实施主体，产业规制可分为政府规制、社会规制和行业自律规制。其中，政府规制是指政府为实现一定的社会经济目标，采取的限制、约束、规范及督促经济主体行为的措施。规制的主体是政府，客体是企业和消费者，规制的方式包括直接规制（主要包括经济性规制和社会性规制）和间接规制（政府有关部门通过法律规定的程序所实施的规制行为）。

（二）产业政策理论

1970 年，日本通产省代表在经济合作与发展组织大会上的演讲主题《日本的产业政策》是产业政策的起源，之后，产业政策的相关研究不断丰富，但产业政策概念至今未有统一界定，大致有以下几种阐述：①"市场否定说"认为产业政策是政府干预经济运行的手段总称，是对市场机制的否定；②"市场修正说"认为市场机制存在缺陷，为使经济运行达到最优，政府对市场机制进行一定的干预；③"经济赶超说"认为产业政策是发展中国家政府部门为赶超发达国家而出台的一系列支持政策。

产业政策包括产业结构政策、产业组织政策、产业发展政策、产业地区政策和产业技术政策等。其目标包括：①提高某一产业或某一国家或地区的资源配置效率；②通过实施产业政策以解决市场失灵问题，达到社会福利提高、保护人民健康的目标。产业政策的方式包括：①审批制、政府直接投资经营等直接干预方式；②税收减免、融资支持、财政补贴、关税保护等间接诱导方式；③法律法规方式。

三、农业保险的相关理论

农业保险市场失灵的原因包括投保人与保险人之间的信息不对称问题、农业保险的准公共产品属性，这也是政府介入农业保险市场的理论基础。

（一）准公共产品属性

准公共产品的特征是有限非排他性或有限非竞争性。农业保险在直接消费方面具有排他性，表现为只有购买农业保险服务的生产者才能获得农业保险保障，其余农业生产者无法获得农业保险保障。但为降低农业保险事故的发生率，保险公司通常会统一执行一些防灾防损措施，如防雹高炮射、防疫处理等，这样没有购买农业保险服务的生产者"搭便车"行为便产生了。由此可知，在消费方面，农业保险具有有限排他性特点。由于农业保险产品是一种合约产品，没有具体实物形态，保险公司可尽可能满足消费者需求，且根据保险经营的风险大量原则，消费者的保险需求越大，农业保险经营越稳定，故在消费方面，农业保险具有有限非竞争性。可见，农业保险属于一种准公共产品，不能完全基于市场机制提供，需由政府与保险公司共同经营。

（二）信息不对称问题

保险市场是典型的信息不对称市场（Arrow，1953[①]；Stiglitz，1989[②]）。保险市场中的信息不对称可分为逆向选择与道德风险两类。逆向选择是指由于保险人无法获得投保人准确风险程度的信息，低风险的投保人逐渐退出保险市场，市场中的投保人均是高风险投保人。道德风险是指投保人与保险人签订保险合同之后，由于保险人无法时时监督投保人的行为，进而导致保险事故发生率上升的现象。由于保险标的与农业风险性质的特殊性，农业保险中的逆向选择与道德风险问题更为突出。

---

① ［美］肯尼恩·阿罗：《信息经济学》，何宝玉、姜忠孝、刘永强译，北京经济学院出版社，1989年，第88~97页。

② ［美］罗斯查尔德、斯蒂格利茨：《竞争性保险市场的均衡：论不完备信息经济学》，［美］乔治·阿克洛夫、迈克尔·斯彭斯、约瑟夫·斯蒂格利茨：《阿克洛夫、斯彭斯和斯蒂格利茨论文精选》，谢康、乌家培译，商务印书馆，2010年，第58~85页。

农业保险市场中的逆向选择问题主要体现为：由于保险公司无法区分低风险与高风险的农业生产者，故保险公司统一收取介于低风险费率与高风险费率之间的保险费率，但投保人拥有更多关于土地、气候与保险标的信息，则低风险的农业生产者退出农业保险市场，高风险的农业生产者购买保险保障，从而导致费率进一步上升，如此循环往复，农业保险市场失灵。农业保险中的道德风险问题主要表现在两个方面：①农业生产收入与农业生产者的投入息息相关，农业生产者获得农业保险保障之后，可能会减少在生产管理或化肥、农药等方面的投入，进而提高保险公司的赔付率。②农业生产具有自身调节和再生产能力，当农业生产遭受自然灾害等的冲击时，若农业生产者及时救治能降低农业生产的损失，但农业生产者在获得农业保险保障之后，可能会减少灾后减损的投入力度，进而提高保险公司的赔付率。

第三节　本章小结

本章首先分别梳理了生猪市场价格波动、生猪市场调控与生猪利润保险的相关文献，从文献视角给出生猪市场调控的利润保险机制设计与实施效果评估研究的重要性；其次，介绍了本书研究的理论基础，包括市场失灵、政府干预等市场调控的相关理论，产业规制与产业政策等产业振兴的相关理论，准公共产品属性、逆向选择与道德风险等农业保险的相关理论。

综上可知，第三章中四川省生猪市场调控政策梳理、政策困境的分析，以及第四章中生猪利润保险与四川省现行市场调控政策的比较分析均用到市场调控的相关理论。第四章中美国生猪利润保险方案中的保费、经营管理费用补贴的经验启示，以及第五章中生猪利润保险方案设计的具体内容均是以农业保险的相关理论为基础的。第五章中生猪利润保险机制设计中各参与主体在运行机制中的职能划分是以市场调控的相关理论为指导原则的，尤其是政府相关部门与保险公司的职能设定运用到政府与市场的边界理论。

第三章 四川省生猪市场价格波动及调控政策的困境

第一节 四川省生猪市场价格波动的特征及影响因素

一、四川省生猪市场价格波动的特征

生猪价格波动是一种经济现象，适度波动是生猪市场有效性的体现，即通过生猪价格波动实现生猪市场资源的有效配置。但过度的生猪价格波动既不利于养殖户的生产决策，也会威胁居民菜篮子安全，降低消费者的福利。可见，生猪市场波动在提高生猪市场运行效率的同时，也带了市场风险与危机，正确认识和把握生猪市场价格波动的特征，有助于政府相关部门制定合理的生猪市场调控政策。大量的国内外相关文献已研究了生猪市场的价格波动特征，包括波动的周期性、季节性与随机性特征等。本章选取 2009 年 1 月至 2021 年 3 月的生猪出栏价格①，分析生猪市场价格波动呈现出的特征。

（一）周期性特征

1. H-P 滤波法

为了清晰地观察时间序列的周期性波动特征与长期趋势，趋势分解法将时间序列数据分解为趋势与波动两个部分，包括移动与阶段平均法、H-P 滤波法与 B-P 滤波法等。本章选用广泛使用的 H-P 滤波法分析四川省生猪价格

---

① 数据来源于 2010—2020 年《中国畜牧业年鉴》；生猪利润保险以保护养殖户的养殖利润为目的，故本书选取生猪出栏价格分析生猪价格波动的特征。

波动的周期性特征。

H-P 滤波法假设时间序列 $\{Y_t\}$ 包括趋势部分和波动部分，其中 $\{Y_t^T\}$ 表示趋势部分，$\{Y_t^C\}$ 表示波动部分，即 $Y_t = Y_t^T + Y_t^C$。从 $\{Y_t\}$ 中分离出 $\{Y_t^T\}$ 部分，其中 $\{Y_t^T\}$ 就是公式（3.1）最小化问题的解。

$$\min \sum_{t=1}^{T} \{ (Y_t - Y_t^T)^2 + \lambda [c(L)Y_t]^2 \} \tag{3.1}$$

其中，$c(L)$ 是延迟算子多项式。

$$c(L) = (L^{-1} - 1) - (1 - L) \tag{3.2}$$

将式（3.2）带入（3.1），故 H-P 滤波问题即是式（3.3）的最小化问题，则：

$$\min \left\{ \sum_{t=1}^{T} (Y_t - Y_t^T)^2 + \lambda \sum_{t=1}^{T} [(Y_{t+1}^T - Y_t^T) - (Y_t^T - Y_{t-1}^T)]^2 \right\} \tag{3.3}$$

由 $\lambda [c(L)Y_t]^2$ 调整式（3.3）最小化问题的趋势变化，且 λ 越大趋势部分越大。基于一般经验，使用月度数据时 λ 取 14400。

2. 四川省生猪价格周期性波动的测度结果与分析

为分析生猪价格波动的周期性特征，运用 EVIEWS7.2，采用 H-P 滤波法分别对全国和四川省生猪价格序列进行分解，结果如图 3-1 所示。图 3-1 中，曲线 QG 代表全国生猪出栏价格序列，SC 代表四川省生猪出栏价格序列，Trend 表示全国与四川省生猪价格的趋势部分，Cycle 表示全国与四川省生猪价格的循环部分，便于观察全国与四川省生猪价格的波动周期。

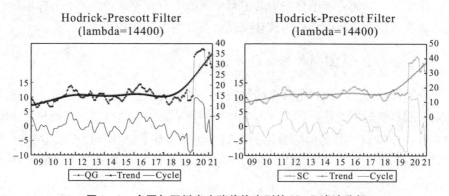

图 3-1 全国与四川省生猪价格序列的 H-P 滤波分解

注：数据来源于 2010—2020 年《中国畜牧业年鉴》。

由图 3-1 的结果可知，曲线 Trend 部分反映出全国与四川省生猪价格波动呈现出不断上升的趋势。曲线 Cycle 部分反映出非洲猪瘟疫情发生之前，全国与四川省生猪价格波动周期基本一致，共经历了 9 个周期：从 2009 年 1 月到 2009 年 9 月，周期为 9 个月；从 2009 年 9 月到 2011 年 9 月，周期为 2 年；从 2011 年 9 月到 2013 年 1 月，周期为 16 个月；从 2013 年 1 月到 2013 年 12 月，周期为 11 个月；从 2013 年 12 月到 2014 年 9 月，周期为 9 个月；从 2014 年 9 月到 2015 年 9 月，周期为 1 年；从 2015 年 9 月到 2016 年 6 月，周期为 9 个月；从 2016 年 6 月到 2017 年 1 月，周期为 7 个月；从 2017 年 1 月到 2018 年 1 月，周期为 1 年。曲线 Cycle 部分反映出非洲猪瘟疫情发生之后，全国与四川省生猪价格波动周期有所不同。四川省生猪价格波动又经历了 3 个周期：从 2018 年 1 月到 2018 年 12 月，周期为 11 个月；从 2018 年 12 月到 2020 年 1 月，周期为 13 个月；从 2020 年 1 月到 2021 年 1 月，周期为 1 年。全国生猪出栏价格波动又经历了 4 个周期：从 2018 年 1 月到 2018 年 9 月，周期为 8 个月；从 2018 年 9 月到 2019 年 7 月，周期为 10 个月；从 2019 年 7 月到 2020 年 3 月，周期为 6 个月；从 2020 年 3 月到 2021 年 1 月，周期为 10 个月。

由此可知，全国与四川省生猪出栏价格波动呈现出明显的周期性波动特点，波动周期呈现出不断缩短的特征，近些年波动周期几乎均小于 1 年，且非洲猪瘟疫情发生之后，全国与四川省生猪价格波动周期呈现出不一致性，四川省生猪价格波动周期数相对较小，波动周期相对较长，反映出生猪主产区生猪价格波动的相对稳定性。

（二）季节性特征

生猪生产与消费季节性会引起生猪供求的季节性错配，外加季节性错配产生的成本费用，导致生猪价格波动呈现出明显的季节性特征。

1. X-12-ARIMA 季节调整法

季节性调整法可通过估计生猪价格季节性变化，制订科学合理的生猪生产计划，故本章运用此法处理全国与生猪出栏价格，以获得生猪出栏价格序列的季节性变动特点。目前国际常用的季节性调整方法包括 X-12-ARIMA（由美国普查局开发）与 TRAMO/SEATS 方法（由西班牙银行研发，欧盟统计中心进一步改进）（刘建平和王雨琴，2015[①]）等。由于 X-12-ARIMA 方法具有适用于各种事件序列预调整的 regARIMA 模块、诊断方法完整与短序列数据处理效果较好等优点，本章选取此方法分析全国与生猪出栏价格波动的季节性特征。

X-12-ARIMA 方法由 X-11 方法从用户自主选择设置、在预调整模块增加 ARIMA 模型选择功能与丰富诊断功能等方面改进获得，基于多次迭代的移动平均方法进行成分分解，可采用加法模型 $Y_t = C_t + S_t + I_t$（适用于时间序列同方差、分解的各部分之间相互独立）或乘法模型 $Y_t = C_t \times S_t \times I_t$（适用于时间序列异方差、分解的各部分之间相互关联），将 $\{Y_t\}$ 分解为趋势-循环部分 $\{C_t\}$、季节部分 $\{S_t\}$ 与不规则部分 $\{I_t\}$。由于生猪出栏价格序列属于经济序列、分解各部分之间相互关联，外加通货膨胀与生猪市场调控政策等导致的生猪价格变动异方差性，故本书选用 X-12-ARIMA 的乘法模型分析生猪出栏价格波动的季节性特征，结果见图 3-2。

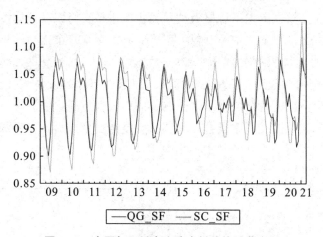

图 3-2　全国与四川省生猪出栏价格季节序列

注：数据来源于 2010—2020 年《中国畜牧业年鉴》。

2. 四川省生猪出栏价格季节波动测度结果与分析

由图 3-2 可知，全国与四川省生猪出栏价格呈现出明显的季节性波动特征，四川省生猪出栏价格波动的季节性趋势比全国更大，且非洲猪瘟疫情发生之前季节性波动逐渐减小，非洲猪瘟疫情发生之后季节性波动呈现出明显的扩

① 刘建平、王雨琴：《季节调整方法的历史演变及发展新趋势》，《统计研究》，2015 年第 8 期，第 90~98 页。

大趋势。2016 年之前，全国与四川省生猪出栏价格在每年的 5—6 月份最低，之后不断上升，在当年的 9 月份达到最高，随后有所下降，在次年 1 月份达到价格次高位置；从 2016 年到非洲猪瘟疫情发生之前，全国与四川省生猪出栏价格在每年的 5—6 月份最低，之后不断上升，在当年的 9 月份达到次高，随后有所下降，在次年 1 月份达到价格最高位置；非洲猪瘟疫情发生以后，全国与四川省生猪出栏价格的最低点位置有所差异，全国生猪出栏价格在每年的 10—11 月份最低，之后不断上升，于次年的 1 月份达到最大值；四川省生猪出栏价格在每年的 6 月份最低，之后不断上升，于次年的 1 月份达到最大值。

（三）集聚性与非对称性特征

1. 集聚性特征

生猪价格波动的集聚性（Volatility－clustering）是指生猪价格波动较大时，随后往往是较大的生猪价格波动，较小的生猪价格波动之后也常常跟随着较小的价格变化。将上文中 2009 年 1 月到 2021 年 3 月全国与四川省生猪出栏价格数据序列 P_t，根据公式 $R_t = \ln(P_t) - \ln(P_{t-1})$ 转化为 2009 年 2 月到 2021 年 3 月全国与四川省生猪出栏价格的月收益率序列。由图 3－3 可知，全国与四川省生猪出栏价格波动呈现出明显的集聚性特征。非洲猪瘟疫情发生之前，二者的集聚性波动基本重合；非洲猪瘟疫情发生之后，二者的集聚性波动呈现出差异性。

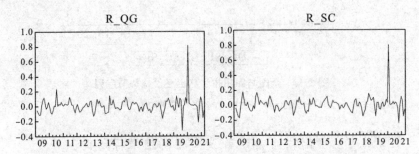

图 3－3　全国与四川省生猪出栏价格月对数收益率序列图

注：数据来源于 2010—2020 年《中国畜牧业年鉴》。

2. 非对称性特征

生猪价格波动的非对称性是指价格下降或上涨信息引发的波动不等于等量价格上涨或下降信息引发的波动。指数异方差自回归模型（EGARCH）常用来检验波动率模型的非对称性，本书采用此法检验生猪出栏价格波动是否呈现出非对称性，其方差方程具体如下：

$$\ln(\sigma_t{}^2) = a_0 + \sum_{i=1}^{p} \left(\alpha_i \left| \frac{\varepsilon_{t-i}}{\sigma_{t-i}} \right| + \gamma_i \frac{\varepsilon_{t-i}}{\sigma_{t-i}} \right) + \sum_{j=1}^{q} \beta_j \ln(\sigma_{t-j}{}^2) \qquad (3.4)$$

由于方差方程的左边是条件方差的对数，非对称效应的影响是指数的。好消息时（$\varepsilon_t > 0$），冲击效应为 $\alpha + \gamma$；坏消息时（$\varepsilon_t < 0$），冲击效应为 $\alpha - \gamma$。可见，若 $\gamma \neq 0$，即存在非对称效应；当 $\gamma > 0$ 时，非对称效应加剧波动幅度；当 $\gamma < 0$ 时，非对称效应减小波动幅度。

分别对全国与四川省生猪出栏价格月收益率序列进行自相关检验，且选择 AIC 与 SC 最小的回归方程，确定均值方程形式分别为 GARCH（1，1）、ARCH（1，1）模型，然后再检验正态分布、t 分布与 GED 分布三者的适用性，得出全国与四川省生猪出栏价格月收益率序列均适合正态分布，其结果见表 3-1。

表 3-1　全国与四川省生猪出栏价格月收益率序列的 EGARCH 模型的估计结果

方程类型	系数	四川省	全国
均值方程	R（-1）	0.371980*** (0.0000)	0.393066*** (0.0209)
	R（-5）	—	-0.208148** (0.0123)
方差方程	C	-1.911276*** (0.1072)	-0.304269 (0.1417)
	ABS（RESID（-1）/@SQRT (GARCH（-1））)	-0.224163** (0.0139)	0.447023*** (0.0000)
	RESID（-1）/@SQRT (GARCH（-1）)	0.323359*** (0.0000)	-0.169601** (0.0004)
拟合结果	R-squared	0.073517	0.058473
	Loglikelihood	148.3623	163.9490
	AIC	-1.977411	-2.240411
	SC	-1.874765	-2.114932

注：括号内为 P 值；*** 表示在 1% 水平下显著，** 表示在 5% 水平下显著，* 表示在 10% 水平下显著。

由表 3-1 中全国与四川省生猪出栏价格月收益率序列 EGARCH 模型的估计结果，可知 γ_i 系数显著不为零，说明全国与四川省出栏价格波动具有非对称性；四川省生猪出栏价格月收益率序列 EGARCH 模型的 $\gamma_i > 0$，说明非对称效应加剧了生猪出栏价格波动；全国生猪出栏价格月收益率序列 EGARCH 模型的 $\gamma_i < 0$，说明非对称效应减弱了生猪出栏价格波动。

二、四川省生猪价格波动的原因分析

由上文可知，全国与四川省生猪出栏价格波动呈现出明显的周期性、季节性、聚集性与非对称特征。季节性波动特征主要由生猪需求的季节性因素决定，周期性、聚集性与非对称特征的影响因素很多，既包括决定生猪市场价格的供给、需求因素，还包括生猪疫病、调控政策等外部冲击因素。

（一）供给方面

生猪市场价格波动虽由生猪市场供给与需求共同决定，但由于我国居民对猪肉的偏好及收入水平的不断提高，国内居民猪肉消费已呈现出一定的刚性，因此供给因素是我国生猪价格波动的决定性因素，主要包括生猪生产周期、生猪养殖成本、生猪规模化程度等。

1. 生猪生产周期较长

与工业产品不同，生猪生产需要经过一个自然的生长周期。母猪 8 个月大可配种，妊娠期分娩得到仔猪需要 4 个月的时间，仔猪经过 6 个月的饲养可成长为商品猪出栏，故从母猪补栏到生猪出栏大约需 18 个月的时间，从仔猪补栏到生猪出栏需要 6 个月左右的时间[①]。由于我国猪肉需求呈现出一定的刚性，猪肉需求几乎保持不变，生猪价格波动与生猪生产波动之间的关系见图 3-4，即猪肉价格上涨或下跌→生猪与仔猪价格的上涨或下跌→能繁母猪供给增加或减少→仔猪产量增加或减少→生猪供给增加或减少→生猪价格下跌或上涨。因此，生猪价格上涨或下跌时，生猪市场中的猪肉供给量短时间之内无法改变，生猪价格高位或低位运行就会持续很长时间（一个生猪生产周期为 1.5~2.0 年），养殖户根据当期价格运行的高低决定能繁母猪补栏或捕杀情况。由于生猪生产周期较长，养殖户却根据当期生猪市场价格运行情况决定能繁母猪的供给量，会导致能繁母猪供给量过度增加或减少，从而进一步增加生猪市

---

① 任泽平：《猪价创历史新高引发的深层次思考》，https://mp.weixin.qq.com/s/lMuOu1DF0H RK4dC0SQaeAQ。

场供给与需求的失衡，导致生猪市场价格波动剧烈，并呈现出周期性波动特征。

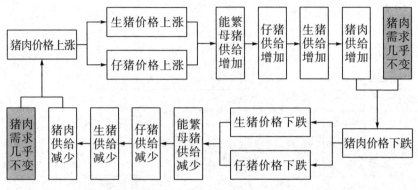

图 3-4　生猪价格波动与生猪生产之间的关系

资料来源：作者根据生猪生产波动历程绘制。

2. 生猪养殖成本不断上升

工业化与城镇化的快速推进，加大了城乡之间的要素流动，生猪价格的波动已由物质成本变动逐渐转变为由物质与服务费用、人工成本等共同决定。由表 3-2 可知，四川省散养生猪生产成本从 2006 年的 737.44 元/头大幅度上升到 2017 年的 2066.39 元/头，又下降到 2018 年的 1894.12 元/头。生产成本变化的主要原因包括物质与服务费用、人工成本的大幅度变化，其中人工成本由 2006 年的 172.55 元/头提高到 2018 年的 639.73 元/头。物质与服务费用变化中贡献最大的是仔畜费和精饲料费费用的大幅波动。仔畜费从 2006 年的 159.77 元/头增加到 2008 年的 583.42 元/头，暂时下降后再次上升到 2016 年的 718.97 元/头，价格变化犹如过山车。精饲料费从 2006 年的 288.04 元/头增加到 2012 年的 714.19 元/头，接着先下降后再上升到 2018 年的 645.65 元/头。四川省生产成本的改变导致散养生猪养殖净利润的大幅波动，2006 年散养生猪养殖净利润为负，到 2007 年便增加到 523.5 元/头，2011 年下降到－11.88 元/头，2018 年降至－310.67 元/头。养殖利润的大幅波动会导致四川省生猪市场供给的变动，进而引起生猪市场价格波动。

表 3-2 2006 年到 2018 年四川省散养生猪生产成本情况

时间	生产成本	物质与服务费用	人工成本	仔畜费	精饲料费	青粗饲料费	饲料加工费	电费	死亡损失费	医疗防疫费	净利润
2006 年	737.44	564.89	172.55	159.77	288.04	64.54	10.10	2.13	2.27	6.19	—18.09
2007 年	906.14	772.06	134.08	292.28	356.34	76.94	8.04	2.79	1.58	10.56	523.5
2008 年	1222.09	1078.15	143.94	583.42	379.46	62.38	9.71	2.75	0.45	8.25	357.94
2009 年	1167.78	971.28	196.50	357.42	490.58	60.92	10.49	2.41	15.25	12.30	3.72
2010 年	1056.92	832.62	224.30	272.18	460.57	55.69	8.10	2.06	2.72	11.17	90.58
2011 年	1439.08	1158.04	281.04	469.44	591.38	56.12	8.52	3.05	1.41	11.29	491.86
2012 年	1784.13	1401.76	382.37	579.98	714.19	63.31	7.93	3.26	1.42	11.2	—11.88
2013 年	1707.58	1206.35	501.23	444.52	642.52	63.15	8.09	3.61	2.49	13.06	—35.50
2014 年	1782.30	1198.48	583.82	459.56	635.59	60.21	7.93	4.19	1.63	14.79	—279.67
2015 年	1743.37	1160.87	582.50	445.1	613.82	50.68	7.96	3.79	2.14	12.77	—26.68
2016 年	2044.41	1431.14	613.268	718.97	607.95	48.62	7.98	3.99	2.44	13.3	128.162
2017 年	2066.39	1425.61	640.784	675.54	632.25	54.10	8.33	3.06	2.42	14.26	—309.224
2018 年	1894.12	1254.39	639.73	493.08	645.65	54.58	7.25	2.88	2.29	12.66	—310.67

注：生产成本=物质服务费用+人工成本，物质服务费用包括仔畜费、精饲料费、青粗饲料费、饲料加工费、电费、死亡损失费与医疗防疫费等，单位均为元/头。数据来源于国家发展和改革委员会价格司：2006—2019 年的全国农产品成本收益资料摘要。

3. 规模化养殖不足

生猪的供给者是生猪养殖户，包括规模较小的散养户、小规模养殖户、中规模养殖户与大规模养殖户等。适度规模经营是生猪市场健康运行的重要指标，规模经营有助于根据市场情况科学制定养殖规划，稳定生猪市场供应，提高养殖技术与效率。但现阶段我国生猪养殖仍以散养模式为主，2008 年至2018 年四川省生猪养殖规模低于 49 头的养殖户占比例均高于 95%，虽呈现出下降趋势，但 11 年间下降的幅度微乎其微。生猪散养户通常文化素质较低，且养殖户同质化程度较高，单个养殖者对生猪市场价格波动的影响力极弱，绝大多数会根据当期生猪市场价格决定生猪养殖规模，更容易出现"追涨杀跌"的现象。可见，以散养户为主的养殖模式加大了四川省生猪价格的市场波动。四川省 2008—2018 年不同生猪养殖规模户数及占比见表 3-3。

表3-3　四川省2008—2018年不同生猪养殖规模户数及占比

规模	2008年	2009年	2010年	2011年	2012年	2013年	2014年	2015年	2016年	2017年	2018年
1～49头	12992500	11954300	10830100	10036200	9433340	7645730	7373860	6767160	6252120	5612240	4911950
	98.32%	97.87%	97.18%	96.72%	96.22%	96.31%	96.11%	95.84%	95.70%	96.66%	96.60%
50～99头	167093	190370	234553	260414	287920	221391	224432	219538	206629	135508	116587
	1.26%	1.56%	2.10%	2.51%	2.94%	2.79%	2.93%	3.11%	3.16%	2.33%	2.29%
100～499头	45538	58362	64223	64352	64481	55825	57832	56901	55460	43039	42564
	0.34%	0.48%	0.58%	0.62%	0.66%	0.70%	0.75%	0.81%	0.85%	0.74%	0.84%
500～999头	6566	8184	10976	10771	12401	10753	11651	12159	13533	10192	8849
	0.05%	0.07%	0.10%	0.10%	0.13%	0.14%	0.15%	0.17%	0.21%	0.18%	0.17%
1000～2999头	1843	2796	3566	3776	4063	3626	3583	3717	4202	4258	3871
	0.01%	0.02%	0.03%	0.04%	0.04%	0.05%	0.05%	0.05%	0.06%	0.07%	0.08%
3000～4999头	303	580	748	729	810	720	715	737	741	677	702
	0.00%	0.00%	0.01%	0.01%	0.01%	0.01%	0.01%	0.01%	0.01%	0.01%	0.01%
5000～9999头	123	215	284	377	457	370	371	355	365	327	336
	0.00%	0.00%	0.00%	0.00%	0.00%	0.00%	0.00%	0.01%	0.01%	0.01%	0.01%
10000～49999头	115	189	256	252	290	256	259	248	239	185	180
	0.00%	0.00%	0.00%	0.00%	0.00%	0.00%	0.00%	0.00%	0.00%	0.00%	0.00%
50000头以上	1	3	5	6	6	4	4	4	5	10	11
	0.00%	0.00%	0.00%	0.00%	0.00%	0.00%	0.00%	0.00%	0.00%	0.00%	0.00%

注：养殖规模单位为头，养殖户数单位为个。数据来源于2009—2019年《中国畜牧业年鉴》。

（二）需求方面

从长期看，猪肉消费需求主要由居民收入水平、人口增长和消费偏好决定；从短期看，猪肉消费需求主要受季节性消费偏好与替代品价格影响。

1. 居民收入与人口增长

由经济学的基本原理可知，生猪属于正常商品，其需求收入弹性为正，即随着居民收入水平的提高，猪肉的需求量不断上涨，故其他因素不变时，猪肉价格随之上升。从2001年到2020年城镇与农村居民的人均可支配收入分别从6280元、2253.4元增加到43834元、17131元，各提高了597.99%和660.23%。居民的人均收入达到一定水平之后，生猪的人均需求量会趋于稳定，而人口的增长直接推动生猪需求量的增加。从2001年到2019年，我国总人口由127627万人逐渐增加到140005万人，其中城镇人口从48064万人逐渐增加到84843万人，而农村人口从79563万人逐渐下降到55162万人。我国城镇居民的人均可支配收入高于农村居民，二者共同推动生猪需求的增加，进而不断推高生猪价格。

2001—2020年城镇与乡村居民收入与人口增长见图3-5。

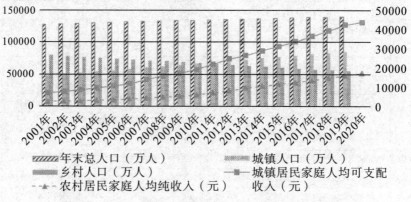

图3-5　2001—2020年城镇与乡村居民收入与人口增长

注：柱状图的坐标轴为左侧；折线图的坐标轴为右侧；数据来源于国家统计局官网http://www.stats.gov.cn/；农村与城镇居民人均可支配收入在2013年时统计口径发生变化，2001—2012年的农村居民可支配收入用农村居民家庭人均纯收入表示。

2. 消费偏好与替代品价格

我国居民日常消费的肉类主要包括猪肉、禽肉、牛肉与羊肉，居民的肉类消费偏好决定了我国居民的肉类消费结构。由表3-4可知，我国居民偏爱猪肉，其在2013年至2018年肉类消费中的占比均大于70%，每年虽有所变动，但变动幅度不大，但2017年之后猪肉消费占比已呈现出下降趋势。可见，消费偏好的不断改变，可影响我国居民猪肉整体的需求量，进而影响生猪价格波动。我国居民的猪肉消费习惯呈现出明显的季节性，由图3-6中2016—2017年全国农产品批发市场白条猪肉周成交量[①]，可知在每年春节、中秋节等重大庆典节日前后，猪肉成交量分别达到最高与最低，其他时间成交量相对平稳。由于生猪供给量一年之内几乎没有差异，故生猪价格波动呈现出明显的季节性特征。

猪肉、牛肉、禽肉与羊肉等多种肉类食品之间存在一定的可替代性。当牛

[①]　仅需选取2016—2017年全国农产品批发市场白条猪肉周成交量作为代表，也可以选取其他年份，对分析结果没有影响。

肉、羊肉与禽肉等猪肉替代品的价格较高时，猪肉的需求量会适当增加，进而提高生猪市场价格；当猪肉的价格较高时，替代品的需求量会适当增加，可以适当减缓生猪价格上涨的幅度。

表 3-4　我国 2013—2018 年肉类消费种类与占比

时间		2013 年	2014 年	2015 年	2016 年	2017 年	2018 年
肉类人均消费量		25.6	25.6	26.2	26.1	29.2	31.2
羊肉	人均消费量	0.9	1.0	1.2	1.5	1.6	1.5
	占比	3.52%	3.91%	4.58%	5.75%	5.48%	4.81%
牛肉	人均消费量	1.5	1.5	1.6	1.8	2.6	2.7
	占比	5.86%	5.86%	6.11%	6.90%	8.90%	8.65%
猪肉	人均消费量	19.8	20	20.1	19.6	20.6	22.7
	占比	77.34%	78.13%	76.72%	75.10%	70.55%	72.76%
禽肉	人均消费量	3.4	3.1	3.3	3.2	4.4	4.3
	占比	13.28%	12.11%	12.60%	12.26%	15.07%	13.78%

注：人均消费量的单位为 kg，数据来源于国家统计局官网 http://www.stats.gov.cn/。

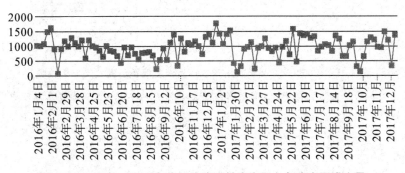

图 3-6　2016—2017 年全国农产品批发市场白条猪肉周成交量

注：单位为吨，数据来源于中国农业农村部官网 http://www.moa.gov.cn/。

（三）外部冲击

1. 疫病冲击

疫病冲击可从供给与需求两个方面影响生猪价格波动。一般在生猪疫病冲击初期，生猪需求大幅度降低，供给适当减少，生猪价格反而下降；随着人们恐惧感的消失，生猪需求快速恢复。但由于生猪生产具有周期性，生猪供给在短时间内无法恢复至原来的水平，生猪价格不断上升。如 2018 年 8 月第一起非洲猪瘟疫情在辽宁暴发之后，由于捕杀数量有限（仅 8116 头），且采取了禁止跨区禁运的措施，并未对全国生猪需求、供给造成太大影响，生猪市场价格处于正常波动范围之内。随着非洲猪瘟疫情在全国各地相继暴发，生猪需求逐渐大幅度降低，2018 年 9 月之后生猪价格不断下降，到 2019 年 1 月达到最低（10 元/kg）；随着人们对非洲猪瘟的认识逐渐加深，生猪需求不断恢复，但供给短时间之内无法恢复，生猪价格随后一路高涨，2020 年 10 月份达到 40 元/kg。由于生猪产能无法在短时间之内恢复，虽然国家不断向市场投放储备猪肉，但生猪价格一直较长时间保持高位运行，平均都在 30 元/kg 以上。可见，生猪疫病冲击是生猪价格波动的重要影响因素，且常常是生猪价格波动周期的拐点。四川省是最大的生猪生产省份，猪瘟、蓝耳病、炭疽、猪丹毒、猪肺疫、非洲猪瘟等疫情屡次暴发，具体见图 3-7 中的生猪疫病发病数、死亡数与捕杀数。

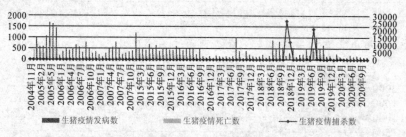

图 3-7　2004—2020 年四川省生猪疫情发病数、死亡数与捕杀数

注：左侧为柱状图坐标轴，右侧为折线图坐标轴；单位均为头；数据来源于中国政府网 http://www.gov.cn/。

2. 政策冲击

我国自 2008 年开始实施政府猪肉储备调节政策，即当猪粮比低于或高于合理区间一段时间后，国家便启动临时收储政策，在市场上收购生猪或投放冻猪肉。该政策的目标为缓解生猪市场价格过度波动，稳定生猪市场供应。但由于政策实施存在一定的滞后效应，导致缓解生猪市场价格波动的效果有限，且由于此政策能够直接影响生猪市场价格，可能会给生猪养殖者传递错误的价格信号，反而不利于养殖户科学合理安排生猪养殖规划，进一步加大生猪市场价格波动。

生猪养殖业对水资源的污染较大，不利于环境保护，尤其是南方水网地区的环境保护压力剧增。自 2014 年起，与生猪养殖产业相关的环境保护政策不断出台（见表 3-5），针对生猪散养对生态环境的污染，提出促进规模化生猪养殖，降低散养生猪的规模，加快转变生猪生产方式，故近些年环保政策对散养户生猪供给的影响日益突出。其中，南方水网地区养殖总量调减了 1600 万头，在全国水网地区 133 个生猪主产县关闭或搬迁 24659 个养殖场，生猪存栏减少了 282 万头[①]。这直接减少了生猪市场供给，推高了生猪市场价格。

表 3-5 生猪养殖环保相关政策

时间	部门	文件名称	相关内容
2014.04	全国人大	《中华人民共和国环境保护法》	畜禽养殖场、养殖小区、定点屠宰企业等的选址、建设和管理应当符合有关法律法规规定。从事畜禽养殖和屠宰的单位和个人应当采取措施，对畜禽粪便、尸体和污水等废弃物进行科学处置，防止污染环境。
2015.04	国务院	《水污染防治行动计划》	科学划定畜禽养殖禁养区，2017 年底前，依法关闭或搬迁禁养区内的畜禽养殖场（小区）和养殖专业户，京津冀、长三角、珠三角等区域提前一年完成。
2015.11	农业农村部	《关于促进南方水网地区生猪养殖布局调整优化的指导意见》	根据南方水网地区水环境保护要求和土地承载能力，科学确定各区域适宜养殖规模，须减则减，宜调则调，形成不同区域优势互补、协调发展的生猪产业布局。主产县要以资源禀赋和环境承载力为基础，制定生猪养殖规划，合理划定适宜养殖区域和禁止建设畜禽养殖场和养殖小区的区域（以下简称"禁养区"）。
2016.06	农业农村部	《全国生猪生产发展规划 2016—2020》	综合考虑环境承载能力、资源禀赋、消费偏好和屠宰加工等因素，充分发挥区域比较优势，分类推进重点发展区、约束发展区、潜力增长区和适度发展区生猪生产协调发展。
2016.12	环境保护部、农业农村部	《关于进一步加强畜禽养殖污染防治工作的通知》	加强畜禽养殖污染防治的执法能力建设，将其纳入日常监管范围，对存在违法问题的养殖场要严格处理。

资料来源：作者搜集整理。

[①] 任泽平：《猪价创历史新高引发的深层次思考》，https://mp.weixin.qq.com/s/1MuOu1DF0H RK4dC0SQaeAQ。

第二节　四川省生猪市场调控政策的演进与现状

一、四川省生猪市场调控政策的演进历程

自 1985 年生猪派购政策取消之后，我国生猪市场逐步实现市场化运作，为保障生猪市场的健康运行，政府出台了一系列生猪市场调控政策。调控政策的演进历程大致可分为以下四个阶段。

（一）取消生猪派购，实施指导性议购议销政策（1985—1990 年）

1985 年，中共中央、国务院发布《关于进一步活跃农村经济的十项政策》，要求逐步取消生猪派购政策，实行自由上市、自由交易、随行就市与按质论价的生猪价格体制，这是我国生猪市场调控的重要转折点。同年 3 月，国务院下发《调整生猪购销政策和价格方案》①的通知，要求取消生猪派购，实行有指导的议购议销政策，即国家不再统一规定生猪收购、猪肉销售的具体价格，各级物价部门给出本地区一定时期内的生猪指导性价格。

（二）政府宏观调控下自由供需制度的建立（1991—2006 年）

1991 年 10 月，国务院发布《国务院关于进一步搞活农产品流通的通知》②，指出生猪购销继续实施指导性价格制度，但有条件的地方，生猪可以完全放开经营，自此我国生猪市场供需逐步完全市场化。

为保障生猪市场化运行，政府出台了一系列宏观调控政策，如生猪良种繁育体系支持政策（《种畜禽管理条例》，1994 年；《种畜禽管理条例实施细则》，1998 年），生猪定点屠宰、集中检疫、统一纳税与分散经营的制度（《生猪屠宰管理条例》，1997 年），生猪重大疫病强制免疫制度（《中华人民共和国动物防疫法》，1997 年；《动物免疫标识管理办法》，2002 年），牧兽医行政管理部

---

① 《国务院关于下达调整生猪和农村粮油价格方案的通知》，http://www.gov.cn/zhengce/content/2013-09/06/content_3548.htm。

② 《国务院关于进一步搞活农产品流通的通知》，http://www.gov.cn/zhengce/content/2016-10/19/content_5121743.htm。

门报告办法（《动物疫情报告管理办法》，1999年），应急预案（《重大动物疫情应急条例》，2005年；《国家突发重大动物疫情应急预案》，2006年），等等。2004年，农业部出台《关于推进畜禽现代化养殖方式的指导意见》，以推进生猪养殖方式转变和发展规模养殖。由此，政府宏观调控下的生猪市场自由供需制度得以建立。

（三）生猪市场调控政策体系逐渐完善（2007—2018年）

由于2006年我国部分地区猪蓝耳病疫情、饲料成本上升等因素的影响，我国生猪生产不断下滑，生猪价格呈现较大幅度的上涨。为稳定生猪生产供应，2007年国务院发布《关于促进生猪生产发展稳定市场供应的意见》，在此意见的指导下，农业部、财政部与国家发改委等部门出台了一系列生猪生产支持政策，如《关于做好能繁母猪补贴政策相关工作的通知》（2007年）、《生猪良种补贴资金管理暂行办法》（2007年）、《全国生猪遗传改良计划（2009—2020）》（2009年）、《关于加快推进畜禽标准化规模养殖的意见》和《国家中长期动物疫病防治规划（2012—2020年）的通知》（2012年）、《建立病死猪无害化处理长效机制试点方案》（2013年）、《缓解生猪市场价格周期性波动调控预案》（2012年和2015年）等。

自此，我国建立了能繁母猪补贴政策、能繁母猪保险补贴政策、生猪保险补贴政策、生猪良种繁育政策、生猪调出大县奖励政策、生猪标准化规模饲养扶持政策、农村信用担保政策、生猪疫病补助与猪肉储备调节政策等相对完善的生猪市场调控政策体系。

（四）生猪市场调控政策支持力度不断提高（2019年至今）

尽管我国生猪综合生产能力已得到显著提升，但生猪产业布局与基层生猪防疫体系不合理等问题仍然突出，外加2018年8月以来非洲猪瘟疫情暴发，我国生猪产能明显下滑，暴露了生猪产业的短板和问题。为稳定生猪生产，促进生猪产业转型升级，国务院办公厅于2019年9月出台了《关于稳定生猪生产促进转型升级的意见》。在该意见的指导下，生猪调出大县奖励资金规模得以增加，育肥猪保险保额由700元/头提高到800元/头，能繁母猪保险金额由1000元/头提高到1500元/头，新增的能繁母猪补贴由100元/头提高到300元/头，新增生猪出栏补贴10元/头，非洲猪瘟强制扑杀补助提高到1200元/头，政府猪肉储备调节机制不断完善。自此，我国生猪市场调控政策的支持力度显著提高。

二、四川省生猪市场调控政策的现状

鉴于生猪市场调控政策目标和运作方式不同，我们将现行的四川省生猪市场调控政策分为生猪生产直接补贴政策、生猪信贷支持政策、生猪保险政策、政府猪肉储备调节政策与生猪疫病补助政策五大类别，具体如下。

（一）生猪生产直接补贴政策

为支持生猪产业发展，我国自 2007 年起出台了一系列生猪生产直接补贴政策，包括生猪调出大县奖励资金、生猪良种补贴、能繁母猪补贴、生猪出栏补贴等政策。

1. 生猪调出大县奖励资金

为调动地方生猪生产的积极性，有效促进生猪生产规模化、产业化，财政部于 2007 年 9 月出台《生猪调出大县奖励资金管理办法》，后经 2010 年、2012 年与 2015 年的修订，形成现行的生猪调出大县奖励资金制度。生猪调出大县奖励资金主要用于支持生猪生产流通和产业发展，具体为圈舍改造、污粪处理、良种引进等生产环节，以及冷链物流、仓储、加工设施设备等流通加工环节的改进。

四川省作为生猪养殖大省，自 2007 年起便获得生猪调出大县奖励资金的支持，并出台相关省级生猪调出大县奖励资金办法（与国家政策保持一致），作为生猪调出大县奖励资金省级统筹部分分配的依据。生猪调出大县数量与奖励资金规模逐年变化，到 2021 年四川省共有 52 个国家级生猪调出大县，20 个省级生猪调出大县，奖励资金规模总额达到 34361 万元，其中省级统筹奖励资金 2974 万元，国家级生猪调出大县奖励资金为 31387 万元（见表 3-6）。

表3-6　2021年四川省生猪调出大县

级别	名称
国家级生猪调出大县（共计31387万元）	金堂县、大邑县、蒲江县、邛崃市、简阳市、荣县、泸州市纳溪区、泸县、合江县、叙永县、中江县、三台县、梓潼县、广元市昭化区、旺苍县、剑阁县、苍溪县、遂宁市船山区、遂宁市安居区、蓬溪县、射洪县、大英县、资中县、犍为县、井研县、南充市嘉陵区、南部县、营山县、仪陇县、西充县、阆中市、仁寿县、宜宾县、长宁县、筠连县、兴文县、广安市广安区、岳池县、武胜县、邻水县、达州市达川区、宣汉县、大竹县、渠县、雅安市名山区、通江县、南江县、平昌县、资阳市雁江区、安岳县、乐至县、会理县
省级生猪调出大县（共计2974万元）	内江市东兴区、眉山市东坡区、富顺县、崇州市、西昌市、南充市高坪区、蓬安县、巴中市恩阳区、江安县、会东县、威远县、珙县、江油市、绵竹市、高县 国家级贫困县：巴中市巴州区、古蔺县、盐源县、万源市、昭觉县

资料来源：中华人民共和国财政部与四川省财政厅公布的生猪调出大县奖励资金分配结果。

2. 生猪良种补贴

为提高生猪良种化水平，中央财政设立了生猪良种专项补贴资金，并于2007年8月出台《生猪良种补贴资金管理暂行办法》[①]，用于补贴使用良种精液实施生猪人工授精的能繁母猪养殖者，每年补贴能繁母猪40元/头。为合理使用该项资金，四川省出台了专门的实施细则，每年发布具体的省级生猪良种补贴项目实施方案，说明补贴县选择规则、资金分配原则、补贴品种与补贴金额。2020年生猪良种补贴的对象为川猪产业振兴布局的国家生猪战略保障基地中的47个地区（保障基地县共100个，其中52个国家级生猪调出大县、江油市等实施川猪产业集群项目县除外），共补贴2190万元。根据2019年存栏能繁母猪量的范围，分配生猪良种补贴资金，具体范围与标准见表3-7。

---

① 《财政部　农业部关于印发〈生猪良种补贴资金管理暂行办法〉的通知》（财农〔2007〕186号）》，http://nys.mof.gov.cn/czpjZhengCeFaBu_2_2/201108/t20110818_587279.htm。

表 3-7 2020 年生猪良种补贴标准与地区

	依据 2019 年存栏能繁母猪量的范围	补贴标准
补贴分为 5 档	存栏能繁母猪≥3 万头	100 万元
	2 万头<存栏能繁母猪<3 万	80 万元
	1.5 万头≤存栏能繁母猪<2 万头	50 万元
	1 万头≤存栏能繁母猪<1.5 万头	40 万元
	5000 头≤存栏能繁母猪<1 万头	20 万元
	存栏能繁母猪<5000 头	10 万元
生猪良种补贴地区	都江堰市、彭州市、崇州市、富顺县、泸州市江阳区、古蔺县、德阳市旌阳区、德阳市罗江区、什邡市、绵竹市、绵阳市游仙区、盐亭县、北川县、内江市中区、内江市东兴区、威远县、隆昌市、乐山市中区、夹江县、南充市顺庆区、南充市高坪区、蓬安县、眉山市东坡区、丹棱县、青神县、宜宾市翠屏区、宜宾市南溪区、江安县、高县、珙县、屏山县、达州市通川区、开江县、万源市、汉源县、芦山县、巴中市巴州区、巴中市恩阳区、西昌市、盐源县、德昌县、会东县、宁南县、布拖县、喜德县、冕宁县、越西县	

资料来源：《2020 年四川省农业生产发展资金项目实施方案及任务清单》，http://nynct. sc. gov. cn/nynct/index. shtml。

3. 能繁母猪补贴

为调动能繁母猪养殖的积极性，提高能繁母猪生产能力，我国于 2007 年 7 月出台《能繁母猪补贴资金管理暂行办法》，设立中央和地方财政支持的能繁母猪专项补贴。据此，四川省农业农村厅、财政厅制定了具体的能繁母猪补贴实施指导意见，补贴对象包括规模养殖场、养殖户、种猪场和散养户，能繁母猪补贴为 100 元/头，其中中央财政和地方财政分别承担 60％和 40％。非洲猪瘟疫情发生以后，为支持川猪产业振兴，2020 年四川省省级财政给予新增的能繁母猪补贴为 300 元/头，全省共计补贴 27302 万元。

4. 生猪出栏补贴

非洲猪瘟疫情发生后，为调动养殖户或企业的生产积极性，四川省农业农村厅、财政厅下达现代农业发展工程共同财政事权转移支付资金，用于开展 2020 年上半年出栏生猪补贴，出栏每头生猪补贴 10 元，共补贴生猪 2228.7499 万头，合计 22287.499 万元（见表 3-8）。

表 3-8　2020 年上半年四川省生猪出栏补贴数量与金额

地区名称	2020 上半年生猪出栏数量 （万头）	金额 （万元）
成都市	148.1743	1481.743
自贡市	63.2502	632.502
攀枝花市	23.6175	236.175
泸州市	145.2816	1452.816
德阳市	93.3787	933.787
绵阳市	143.5580	1435.580
广元市	146.6013	1466.013
遂宁市	115.4006	1154.006
内江市	85.6917	856.917
乐山市	76.6008	766.008
南充市	206.1251	2061.251
眉山市	67.3195	673.195
宜宾市	181.2680	1812.680
广安市	127.1464	1271.464
达州市	164.6199	1646.199
雅安市	49.8075	498.075
巴中市	110.9834	1109.834
资阳市	88.1308	881.308
阿坝州	12.3459	123.459
甘孜州	9.7494	97.494
凉山州	169.6993	1696.993
合计	2228.7499	22287.499

资料来源：四川省农业农村厅、财政厅关于提前下达 2021 年省级财政现代农业发展工程资金（支持开展出栏生猪补贴）安排情况的公告，http://nynct.sc.gov.cn//nynct/c100665/2020/10/27/ece718dbe4d44269b9a75e33d1214cd0.shtml。

(二) 生猪信贷支持政策

1. 生猪贷款贴息

非洲猪瘟疫情暴发以后，为支持川猪产业振兴，四川省农业农村厅、财政厅出台种猪场和规模猪场贷款贴息方案①，贴息范围是种猪场和规模养猪场的生产性流动资金，以及猪场新建、改扩建的贷款资金，具体见表3-19。

表3-9 四川省生猪信贷支持政策

贴息对象	贴息时间	贴息条件	贴息范围	贴息比例
年出栏 500 (含) ~4999 头的规模猪场	2020 年 1 月 1 日至 2020 年 7 月 31 日	1. 县级农业农村部门备案，新型农业经营主体信息直报系统的认证用户	1. 生产性流动资金（饲料、仔猪、母猪的购买）	1. 2% 2. 应贴息金额＝贴息期限内已提取的贷款本金×（2%/365）×贴息天数
年出栏 5000 头 (含) 以上的规模猪场	2019 年 8 月 1 日至 2020 年 7 月 31 日	2. 种猪场须具有有效期内的种畜禽生产经营许可证。	2. 新建、改扩建的建设贷款资金	3. 建设资金贷款贴息不超过 200 万元
种猪场（含地方猪保种场）				

资料来源：根据四川省农业农村厅、财政厅印发的《四川省2019年种猪场和规模猪场贷款贴息方案》和《四川省2020年种猪场和规模猪场贷款贴息方案》整理。

2. 生猪信贷担保

为稳定生猪生产，鼓励农业信贷担保机构在政策规定和风险可控的前提下，为种猪场和存栏5000头以上的生猪规模养殖场提供信贷担保②，国家给予适当的信贷担保补贴。

---

① 《四川省财政厅 四川省农业农村厅关于印发〈四川省2019年种猪场和规模猪场流动资金贷款贴息方案〉的通知》，http://nynct. sc. gov. cn//nynct/c100664/2019/7/25/48f1905ea5594931933ae6aaf8cd3aa8. shtml。《四川省财政厅 四川省农业农村厅关于印发〈四川省2020年种猪场和规模猪场贷款贴息方案〉的通知》，http://nynct. sc. gov. cn//nynct/c100664/2020/7/31/5da2a9a83c9645dbb2d4b55970616e22. shtml。

② 《农业生产发展资金项目实施方案及任务清单》，https://m. nongji360. com/view/119220。

（三）生猪保险政策

1. 生猪保险产品

四川省现有生猪保险产品很丰富，包括能繁母猪保险、育肥猪保险、生猪价格指数保险、生猪饲料成本保险与生猪疫病扑杀保险，下面分别介绍每一类生猪保险的主要内容。

（1）能繁母猪保险。能繁母猪保险承保因疾病、疫病、暴雨、洪水（政府行蓄洪除外）、风灾、雷击、地震、冰雹、冻灾，以及泥石流、山体滑坡、火灾、爆炸、建筑物倒塌、空中运行物体坠落等原因造成的能繁母猪死亡的保险责任，保险期间通常为一年。每头能繁母猪的保险金额由投保人与保险人基于当地饲养成本协商确定，四川省通常为 1000 元，则总的保险金额为：

保险金额＝每头能繁母猪的保险金额×承保能繁母猪数量（保险单中载明）

若能繁母猪因上述保险责任死亡时，则赔偿金额如下：

赔偿金额＝能繁母猪死亡数量×每头能繁母猪的保险金额

由于法定高传染性疾病或政府强制扑杀导致的能繁母猪死亡，保险人需要赔偿保险金额与政府强制扑杀补助之间的差额，则赔偿计算公式如下：

赔偿金额＝能繁母猪死亡数量×（每头能繁母猪的保险金额－政府扑杀补助金额）

（2）育肥猪保险。育肥猪保险承保因疾病、疫病、暴雨、洪水（政府行蓄洪除外）、风灾、雷击、地震、冰雹、冻灾，以及泥石流、山体滑坡、火灾、爆炸、建筑物倒塌、空中运行物体坠落等原因造成的育肥猪在保险合同约定的养殖地点死亡的保险责任。分批次投保的，保险期间由投保人与保险人协商确定，但不超过 6 个月；按年投保的，保险期间为 1 年。每头育肥猪的保险金额由投保人与保险人基于当地饲养成本协商确定，四川省通常为 700 元，则总的保险金额为：

保险金额＝每头育肥猪的保险金额×承保育肥猪数量（保险单中载明）

若育肥猪因上述保险责任死亡时，则赔偿金额如下：

每头育肥猪的赔偿金额＝每头育肥猪的保险金额×出险时育肥猪不同尸重对应赔偿比例

育肥猪不同尸重对应赔偿比例见表 3－10。

表 3-10　育肥猪不同尸重对应赔偿比例

尸重（kg）	赔偿比例
10（不含）以下	15％
10（含）～20（不含）	20％
20（含）～30（不含）	35％
30（含）～40（不含）	40％
40（含）～50（不含）	50％
50（含）～60（不含）	65％
60（含）～70（不含）	80％
70（含）～80（不含）	90％
80（含）以上	100％

则有：

$$总的赔偿金额 = \sum 每头育肥猪的赔偿金额$$

由于法定高传染性疾病或政府强制扑杀导致的育肥猪死亡，保险人需要赔偿保险金额与政府强制扑杀补助之间的差额，则赔偿金额计算公式如下：

每头育肥猪的赔偿金额＝每头育肥猪的保险金额（元/头）×出险时育肥猪不同尸重对应赔偿比例－政府扑杀补助金额

$$赔偿金额 = \sum 每头育肥猪的赔偿金额$$

（3）生猪价格指数保险。生猪价格指数保险只适用于规模养殖场户，承保因育肥猪出栏价格过度下跌给养殖户造成的损失，理赔价格指数包括猪粮比与生猪出栏价格两大类。保险期间通常为一年，约定理赔期间由投保人与保险人协商确定的赔偿金额的计算期间确定，可为一个月、四个月、六个月或一年等（为避免因生猪价格上下波动冲抵，无法给养殖户提供有效的价格保障，通常一个保险期间内，可多次计算赔偿金额）。

理赔价格指数为猪粮比。在保险期间内，约定理赔期间的猪粮比平均值低于约定猪粮比（由投保人与保险人协商确定）时，保险公司承担赔偿责任。

约定理赔期间的猪粮比平均值＝约定理赔期间发布的猪粮比之和/发布次数

保险金额＝约定猪粮比×约定玉米批发价格×约定每头猪的平均重量×承保育肥猪数量

其中，约定玉米批发价格是上一年度当地玉米平均批发价格的一定比例，且每头育肥猪重量不超过 110kg。

约定理赔期间的赔偿金额＝（约定猪粮比－约定理赔期间的猪粮比平均值）×约定玉米批发价格×约定每头猪的平均重量×约定理赔期间育肥猪的出栏数量

$$总的赔偿金额＝\sum 约定理赔期间的赔偿金额$$

理赔价格指数为生猪价格。在保险期间内，由于生猪市场价格波动造成约定理赔期间的育肥猪出栏均价低于育肥猪保险价格（由投保人与保险人协商确定）时，保险公司承担赔偿责任。

其中，约定理赔期间的育肥猪出栏均价＝约定理赔期间发布的育肥猪出栏价之和/发布次数，育肥猪保险价格由前三年当地育肥猪出栏价格平均值确定。

每头保险金额＝育肥猪保险价格×每头育肥猪重量

保险金额＝每头保险金额×承保的育肥猪数量

其中，每头育肥猪重量由育肥猪前三年同期平均值确定。

约定理赔期间的赔偿金额＝（育肥猪保险价格－约定理赔期间的育肥猪出栏均价）×每头育肥猪重量×约定理赔期间育肥猪的出栏数量

$$总的赔偿金额＝\sum 约定理赔期间的赔偿金额$$

（4）生猪饲料成本保险。保险期间内，由于豆粕期货市场价格波动造成约定月份豆粕期货合约在约定时期各交易日收盘价的平均值高于保险合同约定豆粕价格时，保险公司承担赔偿责任。

其中，约定时期各交易日收盘价的平均值＝约定时期各交易日收盘价之和/交易日数，约定豆粕价格根据近三年豆粕期货收盘价格的平均值确定，豆粕期货合约交易收盘价数据以大连商品交易所发布的数据为准。

保险金额＝约定豆粕价格（元/吨）×承保的豆粕数量（吨）

其中，承保豆粕数量由生猪养殖户的饲养数量、饲养期间饲料用量、每吨饲料配方中豆粕的含量共同确定。

赔偿金额＝（约定月份豆粕期货合约在约定时期内各交易日收盘价的平均值－约定豆粕价格）×豆粕赔偿数量

豆粕赔偿数量＝Min（约定时期内豆粕实际消耗量，承保的豆粕数量）

（5）生猪疫病扑杀保险。保险期间内，因疫情导致政府实施强制扑杀而死亡的生猪，包括育肥猪、能繁母猪和种猪，保险公司承担赔偿责任。政府强制扑杀行为以饲养场所所在地县级及以上政府发布的扑杀清单和扑杀证明文件为准。

$$保险金额＝每头保险金额×承保生猪数量$$

其中，每头保险金额根据实际饲养成本及市场价值，由投保人与保险人协商确定。

育肥猪赔偿金额的计算公式如下：

每头育肥猪赔偿金额＝每头保险金额（元/头）×出险时育肥猪不同尸重对应赔偿比例（见表3—10）－政府强制捕杀金额

$$育肥猪赔偿金额＝\sum 每头育肥猪赔偿金额$$

能繁母猪、种猪赔偿金额＝死亡数量×（每头保险金额－政府强制扑杀金额）

2. 生猪保险保费补贴

我国自2007年开始实施生猪保险保费补贴政策，其中能繁母猪保险与育肥猪养殖保险自2007年起便纳入中央财政补贴的范围。2007年至2012年，四川省能繁母猪保险保费政府补助80％，农户仅需承担20％；四川省育肥猪养殖保险保费政府补助70％，参保养殖户承担30％。2013年至今，四川省育肥猪养殖保险保费的政府补贴比例提高至80％，参保农户只需支付保费的20％，能繁母猪保险与育肥猪养殖保险具体的中央、省级与市县财政补贴比例见表3—11。2014年四川省探索生猪价格指数保险，开始仅有地方政府的财政支持。2019年财政部发布《关于开展中央财政对地方优势特色农产品保险奖补试点的通知》[①]，将生猪价格指数保险纳入中央财政补贴的范围，中央财政补贴30％，四川省省级财政补贴15％，市县级财政补贴20％。

---

① 中华人民共和国财政部：《关于开展中央财政对地方优势特色农产品保险奖补试点的通知》，http://jrs. mof. gov. cn/zhengcefabu/201907/t20190705_3292464. htm。

表 3-11　四川省生猪保险（能繁母猪保险、育肥猪养殖保险）各级财政保费补贴比例表

地区		补贴比例		
		中央	省级	市县
成都市			10%	20%
攀枝花市、德阳市、绵阳市、宜宾市、泸州市、乐山市等 6 市			12%	18%
自贡市、南充市、眉山市、广元市、达州市、凉山州、甘孜州、阿坝州等 8 市（州）			14%	16%
资阳市、内江市、遂宁市、雅安市、广安市、巴中市等 6 市			16%	14%
扩权县	峨眉山、米易、什邡、绵竹、广汉、华蓥、盐边、古蔺、江油、大竹、威远、珙县、石棉、射洪、仁寿、宣汉等 16 个县	50%	17%	13%
	江安、筠连、青神、丹棱、平昌、泸县、夹江、隆昌、简阳、长宁、富顺、峨边、渠县、大英、宜宾、洪雅、兴文、合江、高县、武胜、邻水、南部、荣县等 23 县		18%	12%
	犍为、阆中、资中、中江、岳池、安县、旺苍、叙永、北川、南江、营山、汉源、平武、荥经、蓬溪、开江、沐川、乐至、井研、马边、芦山、屏山、剑阁、安岳、通江、仪陇、万源、蓬安等 28 县		19%	11%
	罗江、苍溪、三台、青川、西充、天全、梓潼、宝兴、盐亭等 9 县		20%	10%

资料来源：《四川省财政厅关于印发〈四川省农业保险保险费补贴管理办法〉的通知》，http://czt. sc. gov. cn/sccczt/c102422/2017/3/27/3a0cede2432f4aea9c992108b4cffce6. shtml。

能繁母猪保险的保额为 1000 元/头，费率为 6%，故保费为 60 元/头；育肥猪养殖保险的保额为 700 元/头，规模化养殖户的费率为 4%，散养户选择承保半年或全年的费率为 5%，选择承保 4 个月的费率为 4%。非洲猪瘟疫情发生以后，为保障养殖户收益，能繁母猪与育肥猪保险的保额分别提高到 1500 元/头和 800 元/头，且育肥猪养殖保险的费率提高至 5.5%[①]。

四川省各生猪保险品种的保险金额及费率表见表 3-12。

---

①《财政厅　农业农村厅　四川银保监局关于推动生猪保险工作促进生猪稳产保供的通知》（川财金〔2020〕6 号），http://czt. sc. gov. cn/sccczt/c102423/2020/2/18/2d205bf73ba8404691942438c26684d5. shtml。

表3-12　四川省各生猪保险品种的保险金额及费率表

生猪保险品种	保额（元）	保险费率			单位保费（元）	保费分担	
						政府	农户
育肥猪养殖保险	700	规模化	4%		28	80%	20%
		散养户	承保4个月	4%	28		
			承保半年/全年	5%	35		
能繁母猪保险	1000	6%			60	80%	20%
生猪价格指数保险	—	—			—	65%	35%
生猪饲料成本保险	—	—			—	0	0
生猪疫情扑杀保险	—	—			—	0	0

　　资料来源：《四川省财政厅关于印发〈四川省农业保险保险费补贴管理办法〉的通知》，http://czt.sc.gov.cn/scczt/c102422/2017/3/27/3a0cede2432f4aea9c992108b4cffce6.shtml；生猪价格指数保险、饲料成本保险与疫情扑杀保险的保额与费率随市场行情的变化逐年波动。

（四）政府猪肉储备调节政策

　　为防止生猪价格过度下跌，稳定生猪生产和维护养殖户利益，建立生猪生产稳定发展的长效机制，经国务院批准，2009年国家发展和改革委员会等部门发布了《防止生猪价格过度下跌调控预案（暂行）》[①]。为进一步充分发挥政府猪肉储备的调节作用，缓解生猪生产与市场价格的周期性波动，国家于2012年、2015年两次修订调控预案，形成了《缓解生猪市场价格周期性波动调控预案》[②]。调控预案的实施有效促进了生猪市场平稳运行，缓解了生猪价格周期性波动，保障了居民猪肉消费需求。基于国家层面的调控预案，四川省制定了《四川省缓解生猪市场价格周期性波动调控预案》（2013年和2016年两个版本），预案的主要内容（即预警指标、预警范围）与国家层面的猪肉储备政策保持一致。

　　2018年8月非洲猪瘟疫情暴发后，生猪生产与猪肉供应受到了巨大的冲击，在现有调控预案下，政府猪肉储备调节政策作用发挥有限。按照党中央、

---

　　① 《六部门发布防止生猪价格过度下跌调控预案（暂行）》，http://www.gov.cn/zfjg/content_1204294.htm。

　　② 国家发展改革委、财政部、农业部等：《缓解生猪市场价格周期性波动调控预案》，https://www.ndrc.gov.cn/xxgk/zcfb/gg/201205/W020190905485030813375.pdf。

国务院的决策部署，国家发展和改革委员会会同有关部门根据生猪市场运行实际情况，前移生猪价格和生产监测关口，及时预警生猪和猪肉价格上涨风险，积极组织政府储备肉收储和投放，保障了重要节假日及新冠肺炎疫情期间居民猪肉消费的基本需求。基于此，国家发展和改革委员会等部门机制化、制度化非洲猪瘟疫情冲击下政府猪肉储备调节的经验做法，于 2021 年 6 月制定了《完善政府猪肉储备调节机制做好猪肉市场保供稳价工作预案》，预案的基本内容见表 3-13。

表 3-13　政府猪肉储备调节政策的主要内容

价格波动类型	预警分级	预警指标	预警机制	储备机制
价格正常波动情形	无	猪粮比价	猪粮比价介于 6∶1～9∶1	中央和地方常规储备
价格过度下跌情形	三级预警	猪粮比价	猪粮比价介于 6∶1～5∶1	不启动临时储备
	二级预警	猪粮比价、能繁母猪存栏量变化率	当猪粮比价连续 3 周处于 5∶1～6∶1，或能繁母猪存栏量单月同比降幅达到 5%，或能繁母猪存栏量连续 3 个月累计降幅在 5%～10%	视情况启动临时储备
	一级预警		当猪粮比价低于 5∶1，或能繁母猪存栏量单月同比降幅达到 10%，或能繁母猪存栏量连续 3 个月累计降幅超过 10%	启动临时储备
价格过度上涨情形	三级预警	猪粮比价	猪粮比价介于 9∶1～10∶1	不启动储备投放
	二级预警	猪粮比价、36 个大中城市精瘦肉零售价格	当猪粮比价连续 2 周处于 10∶1～12∶1，或 36 个大中城市精瘦肉零售价格当周平均价同比涨幅在 30%～40%	启动储备投放
	一级预警		当猪粮比价高于 12∶1，或 36 个大中城市精瘦肉零售价格当周平均价同比涨幅超过 40%	加大储备投放力度

资料来源：根据国家发展和改革委员会、财政部、农业农村部、商务部与市场监管总局于 2021 年 6 月 2 日联合印发的《完善政府猪肉储备调节机制做好猪肉市场保供稳价工作预案》内容整理。

非洲猪瘟疫情发生后，国家层面猪肉储备调节政策出台的时间较短，四川省还没有出台专门的省级猪肉储备调控预案，但由于之前的四川省猪肉储备调节预案与国家层面的调控预案核心内容基本无差异，可认为后续出台的四川省猪肉储备调控预案与国家层面调控预案的核心内容保持一致，故这里仅介绍国家层面的猪肉储备调控政策。

政府猪肉储备调节预案将生猪价格波动分为价格正常波动、价格过度下跌与价格过度上涨三种情形，主要内容包括两大机制，即预警机制与储备调节机制。

当生猪价格波动处于正常波动情形时，即猪粮比价介于 6：1～9：1，不启动预警机制，但中央和地方需建立常规储备，用于满足生猪市场调控和应急投放需要。为应对突发重大灾害等特殊情况，在常规储备中设置适当规模的应急储备。地方常规储备分为省级和城市两个级别，以城区常住人口 3 天的猪肉需求量设置城市常规储备（人口超过 100 万，适当增加规模），以不低于本省城市常规储备规模的 50％设置省级常规储备。

当生猪价格波动处于过度下跌情形时，生猪生产预警分为三个级别，并实施临时储备收储：①三级预警。以猪粮比价作为预警指标，当猪粮比价介于 6：1～5：1 时，国家发展和改革委员会发布生猪价格下跌三级预警，但不启动临时储备。②二级预警。以猪粮比价、能繁母猪存栏量变化率作为预警指标，当猪粮比价连续 3 周处于 5：1～6：1，或能繁母猪存栏量单月同比降幅达到 5％，或能繁母猪存栏量连续 3 个月累计降幅在 5％～10％时，由国家发展和改革委员会发布价格下跌二级预警，视情况启动临时储备。③一级预警。以猪粮比价、能繁母猪存栏量变化率作为预警指标，当猪粮比价低于 5：1，或繁母猪存栏量单月同比降幅达到 10％，或能繁母猪存栏量连续 3 个月累计降幅超过 10％时，由国家发展和改革委员会发布价格下跌一级预警，中央和地方全面启动临时储备。

当生猪价格波动处于过度上涨情形时，生猪生产预警分为三个级别，并实施政府猪肉储备投放：①三级预警。以猪粮比价作为预警指标，当猪粮比价介于 9：1～10：1 时，国家发展和改革委员会发布生猪价格上涨三级预警，但不启动储备投放。②二级预警。以猪粮比价、36 个大中城市精瘦肉零售价格作为预警指标，当猪粮比价连续 2 周处于 10：1～12：1，或 36 个大中城市精瘦肉零售价格当周平均价同比涨幅在 30％～40％时，由国家发展和改革委员会发布价格上涨二级预警，启动储备投放。③一级预警。以猪粮比价、36 个大中城市精瘦肉零售价格作为预警指标，当猪粮比价高于 12：1，或 36 个大中城市精瘦肉零售价格当周平均价同比涨幅超过 40％时，由国家发展和改革委员会发布价格上涨一级预警，加大储备投放力度。

（五）生猪疫病补助政策

由于 2006 年部分地区生猪蓝耳病疫情等因素的影响，国务院于 2007 年 8

月发布《关于促进生猪生产发展稳定市场供应的意见》，提出强化生猪防疫举措，动物防疫支出包括强制免疫补助、强制扑杀补助与养殖环节无害化处理补助，统称为生猪疫病补助。

1. 强制免疫补助

为防控生猪重大疫情，国家于 2007 年开始实施生猪疫病强制免疫补助计划，主要用于开展生猪疫病强制免疫与效果评价、购买防疫服务等。2007 年至 2016 年四川省生猪疫病强制免疫补助的范围为口蹄疫、高致病性猪蓝耳病与猪瘟，2017 年与 2018 年强制免疫范围缩小至口蹄疫（见表 3-14）。非洲猪瘟疫情暴发以后，2019 年至 2021 年强制免疫范围又扩大至口蹄疫和非洲猪瘟（见表 3-14）。疫苗费用由中央财政和四川省地方财政各负担 80％与 20％[1]。

表 3-14 四川省生猪疫病强制免疫范围

年份	生猪疫病强制免疫范围
2007—2016	高致病性猪蓝耳病、口蹄疫、猪瘟
2017—2018	口蹄疫
2019—2021	口蹄疫、猪瘟

资料来源：2007—2021 年国家动物疫病强制免疫计划与四川省动物疫病强制免疫实施方案。

2. 强制扑杀补助

由于 2006 年部分地区生猪蓝耳病疫情等因素的影响，国家于 2007 年便出台了生猪疫病强制扑杀补助政策，强制扑杀补助的生猪疫病包括口蹄疫、猪瘟、猪蓝耳病，补助标准为 600 元/头，中央财政和四川省省级财政分别负担 80％和 20％。2011 年生猪强制扑杀补贴标准提高到为 800 元/头，但 2016 年调整扑杀补助范围，生猪蓝耳病、猪瘟不再享受强制扑杀补助。2018 年 8 月非洲猪瘟疫情暴发后，2019 年将非洲猪瘟纳入生猪强制扑杀补助范围，补贴标准为 1200 元/头，四川省获得 3723 万元补助。

3. 养殖环节无害化处理补助

为保障猪肉质量安全，保护猪肉消费者利益，国家于 2007 年出台了《屠

---

① 《国务院关于促进生猪生产发展稳定市场供应的意见》，http://www.gov.cn/govweb/gongbao/content/2007/content_728232.htm。

宰环节病害猪无害化处理财政补贴资金管理暂行办法》，包括病害猪损失补贴
（500 元/头）和无害化处理费用补贴（80 元/头），中央和四川省省级财政分别
负担 60％和 40％，其中病害猪损失补贴的对象为病害猪的货主或养殖户，无
害化处理费用补贴的对象为生猪定点屠宰企业，且若送至屠宰企业的生猪已经
死亡，无法获得病害猪损失补贴。2011 年国家将病害猪损失补贴标准提高到
800 元/头。2017 年财政部、农业农村部联合印发《动物防疫等补助经费管理
办法》，取代了 2007 年《屠宰环节病害猪无害化处理财政补贴资金管理暂行办
法》，并将病害猪无害化处理的相关资金并入中央对地方的一般转移支付。据
此，四川省农业农村厅与财政厅出台了省级养殖环节无害化处理补助的具体实
施细则，补贴对象、标准均与国家层面的政策保持一致。

2017—2021 年四川省生猪养殖环节无害化处理补助见表 3-15。

表 3-15   2017—2021 年四川省生猪养殖环节无害化处理补助

年份	2017	2018	2019	2020	2021（上半年）
生猪养殖环节无害化处理补助（万元）	5002	5160	3994	7020	3132

资料来源：四川省财政厅发布的 2017—2021 年生猪养殖环节无害化处理补助公告。

第三节   四川省生猪市场调控政策面临的困境

通过对四川省生猪市场调控政策演进历程与运行现状的分析，我们认为其
面临调控政策多样，参与主体繁多，补贴交叉重叠；政策调控时机不清晰，稳
定性不足；市场化调控政策有限，反周期支持不足的问题。

一、调控政策多样，参与主体繁多，补贴交叉重叠

现行的四川省生猪市场调控政策种类繁多，根据调控政策目标和运作方
式，生猪市场调控政策可分为 5 大类 15 种具体政策（见表 3-16）。每种调控
政策的参与主体不同，如政府猪肉储备调节政策的参与主体包括国家发展和改
革委员会、财政部、农业农村部、商务部、市场监管总局等，生猪保险政策的
参与主体包括农业农村部、财政部、中国银保监会与保险公司等。15 种调控
政策共涉及 8 类参与主体，且政策实施遵循分级负责、以属地管理为主的原

则，故还有各级相关下属部门的参与。繁多的调控政策参与主体，难以实现部门间的协同联动，各部门之间的权责难以划分清楚，政策实施的有效性有待提高。

表3—16 现行四川省生猪市场调控政策概述

生猪市场调控政策的类型	具体政策	调控参与主体	补贴对象
生猪生产直接补贴政策	生猪调出大县奖励资金	农业农村部、财政部	养殖户
	生猪良种补贴	农业农村部、财政部	
	能繁母猪补贴	农业农村部、财政部	
	生猪出栏补贴	农业农村部、财政部	
生猪信贷支持政策	生猪贷款贴息	农业农村部、财政部	规模养殖场
	生猪信贷担保	财政部、农业农村部、中国银保监会、中国人民银行	
生猪保险政策	能繁母猪保险	农业农村部、财政部、中国银保监会与保险公司等	养殖户
	育肥猪养殖保险		
	生猪价格指数保险		
	生猪饲料成本保险	中国银保监会、保险公司	
政府猪肉储备调节政策	常规储备	国家发展和改革委员会、财政部、农业农村部、商务部、市场监管总局等	消费者、养殖户
	临时储备		
生猪疫病补助政策	强制免疫补助	农业农村部、财政部	养殖户
	强制扑杀补助	农业农村部、财政部	
	养殖环节无害化处理补助	农业农村部、财政部	

资料来源：作者根据各类生猪市场调控政策的文件整理。

部分调控政策之间存在补贴交叉重叠问题，交叉重叠的补贴政策同时实施浪费了一定的人力、物力和财力。例如，能繁母猪保险、育肥猪保险与生猪强制扑杀补助之间存在一定的重叠，二者均给予死亡的能繁母猪、育肥猪以资金补贴，但能繁母猪保险、育肥猪保险将因疫情扑杀的赔偿责任排除在外，而单独设置生猪强制扑杀补助。计算能繁母猪保险、育肥猪保险的赔偿金额时，需将生猪强制扑杀补助扣除，增加了产品设计、费率厘定与赔偿金额计算的难度。且生猪强制扑杀补助的发放又需专门的人员进行生猪扑杀统计、上报与发放补贴资金，耗费了巨大的人力和物力。

二、政策调控时机不清晰，稳定性不足

政府猪肉储备调节政策的预警机制设置为预警指标的一定区间，而不是预警指标的某一具体值，在预警指标区间内何时启动或终止猪肉临时储备与储备投放是不清楚的，需要由国家或省级发展改革委员会等相关部门会商决定。如当生猪价格波动过度下跌，猪粮比价连续 3 周处于 5∶1～6∶1 时，由国家发展和改革委员会发布价格下跌二级预警，需视情况启动临时储备，由于具体情况没有明确规定，在猪粮比价为 5.5∶1 还是 5.8∶1 时启动临时储备是不清晰的。当生猪价格波动处于正常波动区间时，中央和地方需建立常规储备，何时启动常规储备、具体储备规模也是不清楚的。

部分生猪市场调控政策是临时性的或阶段性的，养殖户无法做出政策支持的长期预测，故政策的稳定性不足，难以达到稳定生猪生产的目标。如非洲猪瘟疫情发生后，四川省农业农村厅和财政厅启动生猪出栏补贴政策，由于该政策是否可持续是未知的，外加补贴力度有限（10 元/头），难以达到促进生猪生产的目标。生猪贷款贴息政策有时间限制，通常是一年中的某一固定时间段，且仅适用于规模养殖户，时间段结束之后，是否还会启动贴息政策是不明确的，且何时再次启动补贴也未可知。强制扑杀补助、能繁母猪补贴等，这些政策都面临很大的不稳定性。

三、市场化调控政策有限，反周期支持不足

在四川省现行的 5 大类生猪市场调控政策中，仅有生猪保险政策是市场化的调控政策，其余 4 大类 11 种市场调控政策均是行政支持手段，完全依靠财政补贴给予支持。行政支持政策易造成市场扭曲，且不能起到财政补贴支持的放大效应。如政府猪肉储备调节政策通过中央和地方政府在生猪市场直接买卖生猪或猪肉，从而稳定生猪市场价格，保障养殖户或消费者的利益，导致生猪市场价格不能真实反映市场供求关系，且造成无谓损失。对于生猪生产直接补贴政策，养殖户获得的保障金额即为中央和地方财政的补贴金额，而生猪保险政策用小部分的财政资金撬动大量社会资金给养殖户提供更高的风险保障，财政资金使用效率较高，行政支持政策难以达到。

生猪生产直接补贴政策、信贷支持政策、强制免疫补助等都是普惠性的财政支持政策，无论生猪养殖户是否遭受损失，均可获得补助，这些政策虽能促

进我国生猪生产规模不断扩大，但是却不能为养殖户提供生猪疫病、价格波动风险保障，而这些正是生猪生产剧烈波动的根本原因。生猪保险政策、政府猪肉储备调节政策与强制扑杀补助是反周期补贴政策，即生猪养殖户在遭受损失时可以获得补助，在正常运营时无法获得额外补偿。但中央财政补贴的生猪保险险种仍有限，政府猪肉储备调节政策的调控时机不清晰，且易造成市场扭曲，故需加大生猪市场反周期支持的力度，构建市场化反周期补贴的长效机制。

第四节　本章小结

本章首先选取 2009 年 1 月至 2021 年 3 月的生猪出栏价格[①]，分别运用 H－P 滤波法、X－12－ARIMA 季节调整法与指数异方差自回归模型（EGARCH），检验生猪价格波动的周期性特征、季节性特征、集聚性与非对称性特征，发现四川省生猪出栏价格波动呈现出明显的周期性、集聚性、非对称性特点，价格波动的季节性趋势比全国更大。其次，分别从供给、需求与外部冲击三个方面分析生猪价格波动的原因，发现供给因素是我国生猪价格波动的决定性因素，主要包括生猪生产周期、生猪养殖成本、生猪规模化程度等；猪肉消费需求长期主要由居民收入水平、人口增长和消费偏好决定，短期内主要受季节性消费偏好与替代品价格影响；生猪疫病与政策等外部冲击也是影响生猪价格波动的重要因素。再次，介绍了四川省生猪市场调控政策演进的四个历程，即生猪派购政策由指导性议购议销政策替代（1985—1990 年）、政府宏观调控下自由供需制度的建立（1991—2006 年）、生猪市场调控政策体系逐渐完善（2007—2018 年）与生猪市场调控政策支持力度不断提高（2019 年至今）。再其次，根据生猪市场调控政策目标和运作方式，将现行的四川省生猪市场调控政策分为生猪生产直接补贴政策、生猪信贷支持政策、生猪保险政策、政府猪肉储备调节政策与生猪疫病补助政策五大类别，并详细介绍政策实施的具体内容。最后，分析总结四川省生猪市场调控政策面临的困境，具体为调控政策多样，参与主体繁多，补贴交叉重叠；政策调控时机不清晰，稳定性不足；及市场化调控政策有限，反周期支持不足三个方面。

---

① 数据来源于 2010—2020 年《中国畜牧业年鉴》；生猪利润保险以保护养殖户的养殖利润为目的，故本书选取生猪出栏价格分析生猪价格波动的特征。

第四章　川猪产业振兴背景下生猪利润保险在市场调控中的政策定位

由于目前四川省还没有推出生猪利润保险产品，本章首先介绍美国生猪市场调控的利润保险实践，以便于深入理解生猪利润保险的内涵与运营模式，然后比较分析生猪利润保险与其他市场调控工具的运作机制，进而给出其在四川省生猪市场调控中的可能作用与政策定位。

第一节　美国生猪市场调控的利润保险实践及启示

一、利润保险在美国生猪市场调控政策体系中的作用

美国现行的生猪市场调控政策体系包括牲畜赔偿计划（Livestock Indemnity Program，LIP）、农业部采购计划、生猪保险项目（LRP 和 LGM 保险）、生猪疫病管理项目[①]，为生猪养殖户提供了有效的生猪死亡与价格波动风险保障。

（一）牲畜赔偿计划（LIP）

牲畜赔偿计划（LIP）由美国农业部农场服务局管理，当极端天气、疾病及联邦政府引进外来物种导致超过正常死亡率的生猪死亡或折价售卖时，给予牲畜饲养者（eligible livestock owners）或者牲畜合约养殖者（eligible livestock contract growers）赔偿。生猪饲养者的支付率由生猪市场价值的 75% 确定，生猪合约养殖者的支付率低于生猪养殖者，由生猪饲养成本的 75% 确定（见

---

① USDA：Animal policy & Regulatory issues，https://www.ers.usda.gov/topics/animal－products/animal－policy－regulatory－issues/.

表 4-1)。

表 4-1　2021 年生猪饲养者和购买者的 LIP 支付率

（rates have been reduced by the required 75％）

Kind	Type	Weight Range	2021Payment Rate Per Head	
			Eligible Livestock Owners	Eligible Livestock Contract Growers
Swine	Suckling Nursery Pigs	less than 50 pounds	＄28.57	＄3.25
	Lightweight Barrows, Gilts	50 to 150 pounds	＄52.22	＄7.84
	Sows, Boars, Barrows, Gilts	151 to 450 pounds	＄75.86	＄11.39
	Sows, Boars	over 450 pounds	＄112.32	＄46.16

资料来源：美国农业部农场服务局，https://www.fsa.usda.gov/。

给生猪饲养者支付金额的计算公式：

死亡生猪的支付金额＝全国性支付率×牲畜数量×生产者所占份额

受伤生猪的支付金额＝死亡生猪的支付金额－受伤生猪的折价销售额

给生猪合约养殖者支付金额的计算公式（仅死亡生猪能够获得支付）：

死亡生猪的支付金额＝全国性支付率×牲畜数量×生产者所占份额

由此可知，牲畜赔偿计划为美国生猪死亡或受伤风险提供了有效的保障。

（二）生猪保险项目

生猪保险项目由美国农业部风险管理局管理，采用政府主导下的商业保险公司运作模式，具体分为三个层级：第一，农业部风险管理局是生猪保险项目的监管部门，负责联邦农作物保险的立法与改革、设立和具体运作联邦农作物保险公司（FCIC）、监督生猪保险市场的规范运行；第二，联邦农作物保险公司（FCIC）负责生猪保险费率制定、核灾定损程序制定，为私营保险公司提供保费补贴、管理费补贴及牲畜再保险等；第三，17 家私营保险公司在农业部风险管理局的监督和支持下，负责生猪保险保单销售、理赔等具体事宜。

生猪保险项目包括生猪价格保险（LRP 保险）与利润保险（LGM 保险）。LRP 保险为生猪养殖户提供生猪价格下跌风险的保障，LGM 保险为生猪养殖户提供由生猪价格下跌或饲料价格上涨风险导致的毛利润损失的保障，但二者均不保障由疫病或意外事故造成的生猪死亡损失。由于生猪毛利润保险为生猪养殖户提供了全面的投入与产出价格风险保障，是一种重要的生猪利润反周期补贴政策，已成为生猪市场调控的重要政策工具。

（三）农业部采购计划

农业部猪肉采购计划由美国农业部农业营销服务局（The Agricultural Marketing Service，AMS）负责，包括多种100％国内生产和加工的猪肉食品（如罐头食品、熟猪肉及冷冻猪肉），以支持美国生猪产业的发展，尤其是在生猪市场价格低迷时，可以起到提高生猪市场价格的作用。

美国农业部猪肉等相关食品的采购计划，由食品和营养服务局（The Food and Nutrition Service，FNS）根据当年的食品和营养援助计划（the Food and Nutrition Assistance Programs，FNAP），或由美国农业部根据生猪饲养者面临的财务压力确定[①]。农业营销服务局根据联邦法规和农业部政策，制定猪肉相关产品和采购计划的具体要求，基于 Web 供应链管理系统（WBSCM），执行采购流程（招标、授予和合同管理）。2020 财年美国农业部猪肉相关产品采购情况见表 4－2，包括 3 大类 9 种猪肉相关产品，共计99297240 磅、223039098 美元。

表4－2　2020 **财年美国农业部猪肉相关产品采购情况**（2019.10.01—2020.09.30）

2020 财年猪肉采购品种		数量（磅）	金额（美元）
猪肉罐头	PORK CAN－24/24 OZ	21348000	52864079
熟猪肉	PORKPATTY CKD PKG－20/2 LB	22572000	50906393
	PORK PULLED CKD PKG－20/2 LB	7200000	17249740
	PORK PULLED CKD PKG－8/5 LB	5840000	15996988
	PORK TACO FILLING CKD PKG－20/2 LB	6560000	12198268
冷冻猪肉	PORK CHOPS BNLS FRZ PKG－40/1 LB	5966000	17942893
	PORK LOIN ROAST FRZ CTN－6/5 LB	20847360	42194432
	PORK PICNIC BNLS FRZ CTN－60 LB	7763880	11407905
	PORK ROAST LEG FRZ CTN－32－40 LB	1200000	2278400
合计		99297240	223039098

资料来源：美国农业部农业营销服务局，https://www.ams.usda.gov/sites/default/files/media/AMSPurchasesbyCommodityFY20.pdf。

---

① 美国农业部采购计划，最初是为销售过剩的农产品，现在已经转变为食品和营养援助计划，该采购计划可以起到增加国内农产品需求、提高农产品价格的作用。

（四）生猪疫病管理项目

生猪疫病管理项目由美国农业部动植物卫生检验局（Animal and Plant Health Inspection Service，APHIS）负责，包括生猪疫病监测与根除计划，以及生猪卫生应急管理。美国生猪疫病监测与根除计划通过监测、预防、控制或消除生猪疫病，以改善生猪的健康、生猪产品的质量与适销性。生猪疫病监测与根除计划覆盖非洲猪瘟、传统猪瘟、猪布鲁氏菌病与伪狂犬病等，由美国农业部给予免费监测、疫苗支持与生猪扑杀补偿等支持。生猪卫生应急管理是针对生猪突发疫病的一些应急管理措施，包括生猪疫病检验、运输规则、生猪扑杀及补偿政策等相关内容，目的在于尽快控制生猪疫病传播给生猪产业造成的危害。

综上所述，牲畜赔偿计划（LIP）为生猪养殖户的生猪死亡或受伤损失风险提供了生猪市场价值75％的损失补偿。生猪疫病管理项目减少了生猪养殖户疫病预防与监测的投入，显著降低了生猪疫病发生的概率，也给生猪疫病死亡损失提供了补偿。农业部采购计划可有效缓解养殖户生猪价格降低的风险。生猪价格指数保险为生猪养殖户提供价格下跌风险保障，而生猪利润保险则同时为生猪养殖户提供生猪投入与产出的价格风险，有效保障了生猪养殖户的实际养殖利润，且其由商业保险公司负责具体运营，是有效的市场化生猪市场调控工具。

二、美国生猪市场调控的利润保险实践

美国联邦农作物保险公司自2002年试点推出生猪利润保险，现在48个州的生猪养殖户或企业均可获得生猪利润保险的保障。由2009—2020年的承保生猪数量、保费收入、赔付金额情况（图4-1）可知，尽管受生猪利润保险赔付情况、养殖市场环境等的影响，生猪利润保险承保的生猪数量与保费收入呈小幅波动，但基本保持平稳运行状态。

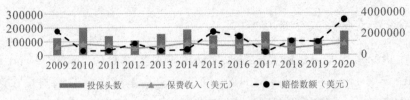

图 4-1　2003—2020 年美国生猪利润保险经营情况

数据来源：根据美国农业部风险管理局（RMA）的 Summary of Business 数据库整理，https://prodwebnlb.rma.usda.gov/apps/SummaryOfBusiness/ReportGenerator。

注：左坐标轴表示投保头数，右坐标轴表示保费收入和赔偿数额。

（一）美国生猪利润保险的实践方案

1. 保障责任与保险标的

生猪利润保险承保因投入价格上涨（玉米、豆粕）或产出价格下降（生猪）导致的生猪养殖利润损失，不承担因疫病或意外事故造成的生猪死亡损失。由于不同类型的生猪饲养周期与所需饲料不同，生猪养殖利润的计算存在差异，故将保险标的细分为三种类型：一是自繁自养型生猪（Farrow to Finish），即从生猪育种、产仔、饲养到出栏屠宰，饲养周期约为 6 个月；二是仔猪型生猪（Feeder Pig Finishing），即从生猪 50 磅重饲养至出栏屠宰，饲养周期约为 4 个月；三是早期断奶型生猪（Segregated Early Weaning Finishing），即从出生 12~21 天的断奶猪饲养至出栏屠宰，饲养周期通常大于 4 个月。每年单个生猪养殖户最多可为 30000 头生猪购买利润保险，且每份保险合同不超过 15000 头。

2. 价格指数与保险期限

生猪利润保险选取芝加哥期货交易所的瘦肉猪、玉米与豆粕期货价格作为价格指数。生猪利润保险每年有 12 个承保期（即每月均可购买该险种），生猪养殖户或企业可在每月的任何一个星期四至星期五上午 9 点购买该保险。由于生猪期货市场具有价格发现功能，选取保单销售当月最后一个星期的周三至周五的瘦肉猪、玉米与豆粕期货合约日收盘价的均值，计算生猪利润保险承保的预期毛利润。

生猪利润保险的保险期限为 6 个月，为防止投保人的逆向选择[①]，保险期间的第一个月为观察期，保险责任期为合同约定保险期限的后 5 个月。保险合同到期时，承保生猪的实际利润由瘦肉猪、玉米与豆粕期货合约到期日前最后三天日结算价的均值计算得出。若当月没有对应的期货合约，则生猪、玉米与豆粕的到期价格是最近两个月期货合约价格的加权平均值，权数由临近合约与本月的时间间隔确定。

3. 利润计算与查询

饲养每头自繁自养型生猪共需 12 蒲式耳的玉米与 138.55 磅的豆粕（芝加哥期货交易所豆粕价格以短吨为单位，1 短吨等于 2000 磅），则预期与实际利润 GM_{farrow} 的计算公式为：

$$GM_{farrow} = 0.74 \times 2.6 \times P_{Swine_t} - 12 \times P_{Corn_{t-3}} - \left(\frac{138.55}{2000}\right) \times P_{SoybeanMeal_{t-3}}$$

$$(4.1)$$

其中，P_{Swine_t}、P_{Corn_t} 与 $P_{SoybeanMeal}$ 分别表示芝加哥期货交易所瘦肉猪、玉米与豆粕期货合约第 t 时刻的期货价格。由于 P_{Swine_t} 是芝加哥期货交易所的瘦肉猪期货合约价格，需乘以产量因子（$yield\,factor$）0.74 将其转化为生猪价格，三种育肥猪出栏宰杀重量均为 2.6 英旦。

饲养每头仔猪型生猪共需 9 蒲式耳的玉米与 82 磅的豆粕，则预期与实际利润 GM_{feeder} 的计算公式为：

$$GM_{feeder} = 0.74 \times 2.6 \times P_{Swine_t} - 9 \times P_{Corn_{t-2}} - \left(\frac{82}{2000}\right) \times P_{SoybeanMeal_{t-2}}$$

$$(4.2)$$

饲养每头早期断奶型生猪共需 9.05 蒲式耳的玉米与 91 磅的豆粕，则预期与实际利润的计算公式为：

$$GM_{SEW} = 0.74 \times 2.6 \times P_{Swine_t} - 9.05 \times P_{Corn_{t-2}} - \left(\frac{91}{2000}\right) \times P_{SoybeanMeal_{t-2}}$$

$$(4.3)$$

基于以上计算公式，美国农业部风险管理局在其网站每月更新生猪预期与实际利润，投保人可随时在线查询。

---

① Josie A Waterbury, Rebecca M Small, Darrell R Mark: Livestock Gross Margin insurance for swine, https://digitalcommons.unl.edu/cgi/viewcontent.cgi?article=1325&context=agecon_cornhusker.

4. 免赔额与赔款计算

生猪养殖户或企业根据历史生猪销售数量，确定保险期间每月预期生猪销售数量，总和即为承保生猪数量。可为每头生猪选择 0~20 美元的免赔额，风险管理局针对不同免赔额设置不同的保费补贴比例，见表 4-3。

表 4-3　美国生猪利润保险的免赔额与保费补贴比例

免赔额（美元/头）	每头保费补贴比例
0	0.18
2	0.21
4	0.25
6	0.30
8	0.37
10	0.47
12	0.50
14	0.50
16	0.50
18	0.50
20	0.50

资料来源：美国农业部风险管理局。

保险合同到期后，商业保险公司发布理赔通知，投保人需在 15 天之内提交承保期内的生猪销售报告。生猪实际销售量大于保险合同约定的承保数量 75% 时，赔款 $Indemnity$ 为：

$$Indemnity = \sum_{2}^{6} (GM_t^A - GM_t^E - DE) \times Q_t^A \tag{4.4}$$

其中，GM_t^A、GM_t^E、Q_t^A 分别表示承保期（6 个月）内第 t 个承保月份的实际利润、预期利润与生猪实际销售量，DE 为免赔额。

生猪实际销售量小于保险合同约定的承保数量 75% 时，赔款需乘以实际销售量占承保数量（每月预期销售量之和）的比例，赔款 $Indemnity$ 为：

$$Indemnity = \sum_{2}^{6} (GM_t^A - GM_t^E - DE) \times Q_t^A \times \frac{\sum_{2}^{6} Q_t^A}{\sum_{2}^{6} Q_t^E} \tag{4.5}$$

其中，Q_i^E 表示预期生猪销售量，也即保险合同约定的每月生猪承保数量。

（二）美国生猪利润保险的再保险协议

为分散生猪利润保险的投入或产出价格的系统性风险，联邦农作物保险公司（FCIC）为经营此险种的商业保险公司提供再保险，2022 年牲畜价格再保险协议（2022 Livestock Price Reinsurance Agreement[①]）的内容如下：

1. 再保险协议

所有合格的生猪利润保险合同均自动获得商业基金（the Commercial Fund）的保障，商业保险公司也可在联邦农作物保险公司接受保险合同的两个工作日内，将合格的生猪利润保险合同转入私人市场基金（the Private Market Fund）的保障。

若获得私人市场基金的保障，商业保险公司可采用比例再保险的方式，向联邦农作物保险公司（FCIC）转移生猪利润保险合同净保费和净损失的 5%～65%[②]。

若获得商业基金的保障，商业保险公司可同时采用比例再保险与非比例再保险两种方式，向联邦农作物保险公司转移生猪利润保险合同的风险。首先，商业保险公司可以比例再保险的方式，将生猪利润保险净保费与净损失的 0%～65%转移给联邦农作物保险公司[③]。其次，商业保险公司需将总保费的4.5%支付给联邦农作物保险公司，以非比例再保险的方式转移剩余的自留风险责任（比例再保险转移之后的自留责任）。非比例再保险的具体规则为：最终净损失介于总保费的 150%～500%时，联邦农作物保险公司承担 90%的损失责任；最终净损失超过总保费的 500%时，联邦农作物保险公司承担 100%的损失责任。

商业保险公司还可采用商业再保险与私人市场工具，分散向联邦农作物保险公司转移之后剩余的最终净损失责任。

2. 经营管理费用补贴（A&O subsidy）

经营生猪利润保险的商业保险公司可获得经营管理费用补贴，通常为净保费的 22.2%，巨灾损失年份（生猪利润保险在整个州的损失率超过 120%）的

---

① USDA：2022 Livestock price reinsurance agreement，https://www.rma.usda.gov/-/media/RMA/Regulations/Appendix-2022/LRPA/22lpra.ashx?la=en.

② 再保险转移的比例需以 5%的增量从 5%逐渐增加。

③ 再保险转移的比例需以 5%的增量从 0%逐渐增加。

补贴比例可高达 23.35％。联邦农作物保险公司将于生猪利润保险审核合格[①]之后的第一个月向商业保险公司支付该补贴。

三、美国生猪利润保险实践的启示

（一）利润保险是生猪市场调控的重要市场化政策工具

美国生猪利润保险由农业部风险管理局负责监督，联邦农作物保险公司提供再保险，给予商业保险公司以保费与经营管理费用补贴，而商业保险公司是具体运营该险种的主体。由此可见，生猪利润保险是由政府部门负责监督与财政补贴支持、商业保险公司负责具体运营的保险产品，其本质上是一种市场化的政策工具。

生猪利润保险同时为生猪养殖户提供生猪价格下跌与投入价格上涨的价格风险保障，保障的是生猪饲养的利润。生猪养殖利润市场行情好时，养殖户的损失为支付的保险费；养殖利润行情较差时，养殖户获得赔款收益，因此生猪利润保险是一种生猪养殖利润的反周期补贴政策，是美国生猪市场调控的重要市场化政策工具。

（二）完善的再保险体系是商业保险公司运营利润保险的前提

生猪利润保险为养殖户或企业提供产出价格下跌与投入价格上涨的风险保障，价格风险具有系统性风险，易导致保险公司遭受巨大损失，不符合商业保险运营的承保条件。联邦农作物保险公司为经营生猪利润保险的商业保险公司提供比例再保险与非比例再保险，使得商业保险公司可以按照 0～65％ 的比例自由选择，将保障责任转移出去，还能将损失比例超过 150％ 的部分以非比例再保险的形式转移出去 90％ 以上。这有效转移了投入与产出价格的系统性风险，成为商业保险公司运营生猪利润保险的有效后盾保障。

（三）多样化补贴有助于稳定生猪利润保险经营

基于不同的免赔额水平，联邦农作物保险公司给予生猪养殖户或企业 18％ 至 50％ 的保费补贴，直接减轻了养殖户或企业的保费压力，有助于扩大

[①] 生猪利润保险由指定的 17 家保险公司负责销售，与生猪养殖户签订保险合同，只有经联邦农作物保险公司审核合格的保单才能获得经营管理费用的补贴。

生猪利润保险的覆盖范围。联邦农作物保险公司给予 22.2% 至 23.35% 的经营管理费用补贴，显著降低了商业保险公司的运营成本，提高其经营生猪利润保险的积极性，有助于稳定该险种的运营。

（四）细分生猪类型、缩短理赔周期，为养殖户或企业提供切实的利润保障

由于不同类型生猪饲养周期与所需饲料总量不同，美国农业部风险管理局将生猪利润保险的保险标的分为自繁自养型生猪、仔猪型生猪与早期断奶型生猪三种类别，分别设定生猪利润计算公式，更符合生猪养殖户或企业的实际养殖利润需求。生猪利润保险为养殖户或企业提供 5 个月的利润波动风险保障，承保期内瘦肉猪、玉米与豆粕期货价格有涨有跌。为避免承保期内投入与产出的价格涨跌平滑生猪利润，该险种的赔款以月为单位计算，5 个月的累计值即为最终的赔款，较短的理赔周期能够切实保障养殖户的实际利润。

（五）信息公开、保障水平多样化，有助于养殖户合理规划生猪利润保险的购买

生猪养殖户或企业可在美国农业部风险管理局的网站上随时查询每月更新的生猪预期与实际利润，有助于合理规划生猪利润保险的购买。美国农业部风险管理局为生猪利润保险设置了 10 个层面的免赔额与保费补贴水平，生猪养殖户或企业可根据自身的利润风险承担水平与保费负担能力，选择合适的生猪利润保障水平。

第二节　生猪利润保险与四川省现行生猪市场调控政策的比较

一、生猪利润保险与四川省现行生猪保险产品的比较分析

（一）四川省生猪保险的经营模式

我国农业保险经营实行政府引导、市场运作、自主自愿和协同推进的原

则①，由中国银保监会负责监督管理，财政部给予保费补贴，农业农村部、发展和改革委员会与税务部等部门协同推进，各省人民政府负责确定适合本地区实际的农业保险经营模式。

四川省农业保险经过多年的实践探索，形成了政府主导下的商业保险公司经营模式。由中国银保监会（原为中国保险监督管理委员会）负责保险产品、费率审核与业务监管；中央和地方财政给予保费补贴（补贴比例见表 3—11）；中国人民财产保险股份有限公司、中国太平洋财产保险股份有限公司、中华联合财产保险股份有限公司与中航安盟财产保险有限公司等 9 家商业保险公司在自主经营、自负盈亏的原则下，负责生猪保险产品开发、销售与理赔等具体运营。可见，四川省各级政府部门不负责生猪保险的具体运营，只是提供指导、监督、保费补贴及税收优惠。尽管四川省生猪保险与美国农业保险的经营模式存在一定的差异，但其政策属性与美国生猪利润保险是一致的，二者均是市场化的政策工具。

（二）生猪利润保险与价格指数保险、饲料成本保险的产品比较

我国生猪饲料以玉米和大豆为主。为完善玉米、大豆价格形成机制改革，自 2014 年起，国家先后推出了目标价格补贴、生产者补贴政策，现如今玉米、大豆价格由市场供求机制决定，因此，生猪养殖户或企业还面临较大的饲料价格上涨风险。为有效保障养殖户收益，保险公司尝试探索生猪饲料成本保险，目前已推出保障生猪饲料豆粕价格上涨风险的保险。

目前，四川省提供以猪粮比或生猪价格为指数的两种生猪价格指数保险，尽管选择的价格指数不同，但二者的本质均是为生猪养殖户或企业提供生猪价格下跌风险的保障。由此，生猪养殖户或企业需同时投保生猪价格指数保险与饲料成本保险，才能获得有效的养殖收益保障，但保险公司同时运营两种保险，其经营管理费用会相应提高。

由美国生猪利润保险实践可知，生猪利润保险同时为生猪养殖户提供生猪价格下跌和饲料价格上涨风险的保障，其是四川省生猪价格指数保险与饲料成本保险的结合（三者的风险保障见表 4—4），既能满足养殖户或企业的收益保障，又能降低保险公司的经营管理费用。

---

① 《农业保险条例》第三条。

表4-4　生猪利润保险与价格指数保险、饲料成本保险的比较

生猪产品类别		生猪利润保险	生猪价格指数保险	生猪饲料成本保险
保障风险	生猪价格下跌	√	√	×
	生猪饲料价格上涨	√	×	√

资料来源：作者根据生猪利润保险、价格指数保险与饲料成本保险的具体内容整理分析。

（三）生猪利润保险在四川省生猪保险中的作用

现行的四川省生猪保险产品包括能繁母猪保险、育肥猪保险、生猪价格指数保险、生猪饲料成本保险与生猪扑杀保险5种。其中，能繁母猪保险与育肥猪保险承保保险标的因疾病、疫病、自然灾害、意外事故而导致的死亡风险，生猪扑杀保险承保因疫情导致政府实施强制扑杀的死亡风险，生猪价格指数保险与饲料成本保险分别为生猪价格下跌、饲料价格上涨提供风险保障（见表4-5）。可知，四川省生猪保险为养殖户或企业提供了生猪养殖的死亡与价格风险保障。

表4-5　四川省生猪保险政策的风险保障

生猪保险类别		风险保障
能繁母猪保险	死亡风险	承保因疾病、疫病、自然灾害、意外事故导致的死亡风险
育肥猪保险		承保因疾病、疫病、自然灾害、意外事故导致的死亡风险
生猪扑杀保险		因疫情导致政府实施强制扑杀的死亡风险
生猪价格指数保险	价格风险	生猪价格下跌风险
生猪饲料成本保险		生猪饲料价格上涨风险

资料来源：作者分析整理。

生猪利润保险产品作为生猪价格指数保险与饲料成本保险的结合，为生猪养殖户或企业提供由于投入与产出的价格波动而导致生猪养殖利润波动风险的保障，可作为生猪价格指数保险与饲料成本保险产品的替代，在生猪保险产品中起到提供价格风险保障的作用。

二、生猪利润保险与政府猪肉储备调节政策的比较分析

为明确生猪利润保险与政府猪肉储备调节政策的异同，我们分别从政策目标、运作原理与实施效果三个方面进行详细比较分析。

（一）政策目标的比较分析

最新的政府猪肉储备调节政策设置了常规储备与临时储备。在生猪价格正常波动时启动常规储备，主要用于满足生猪市场调控和应急投放需要；为保障生猪养殖户的收益、稳定生猪市场供应，在生猪价格过度下跌时，启动临时储备收储；为保障猪肉消费者的基本权益，在生猪价格过度上涨时，启动临时储备投放（见表4-6）。生猪利润保险的直接目标在于保障养殖户的净利润或净收益，最终目标则是保障养殖户或企业的生猪生产预期，以稳定生猪市场供应，与政府猪肉储备调节政策在生猪价格过度下跌时的目标是一致的。

表4-6 政府猪肉储备调节政策的主要目标

生猪价格波动类型	储备调节机制	主要目标
生猪价格正常波动	常规储备	满足生猪市场调控和应急投放需要
生猪价格过度下跌	临时储备收储	保障生猪养殖户的收益，稳定生产预期，实现有效"托市"稳产能
生猪价格过度上涨	临时储备投放	增加市场供应，稳定生猪价格，保障猪肉消费者的权益

资料来源：根据国家发展和改革委员会、财政部、农业农村部、商务部与市场监管总局于2021年6月2日联合印发的《完善政府猪肉储备调节机制做好猪肉市场保供稳价工作预案》内容分析整理。

（二）政策运作原理与实施效果的比较分析

由于生猪利润保险与政府猪肉储备调节政策在生猪价格过度下跌情形时的目标是一致的，故我们比较在生猪价格过度下跌时这两种政策的基本运作原理与实施效果。

1. 生猪利润保险的运作原理与实施效果分析

当养殖户或企业没有购买生猪利润保险产品时，生猪市场供给曲线 S 与

需求曲线 D 相交于点 E，此时市场处于供求平衡状态，生猪市场的供给量与需求量均为 Q_e，市场出清时的生猪价格为 P_e（见图 4-2）。由于生猪利润保险的保费补贴与生猪供给量直接挂钩，故当养殖户或企业购买生猪利润保险产品时，生猪市场供给增加，供给曲线向右移动至 S_1，市场需求曲线不变，此时市场供给与需求曲线相交于点 F，供给量与需求量由 Q_e 增加至 Q_1，市场价格由 P_e 降为 P_1。

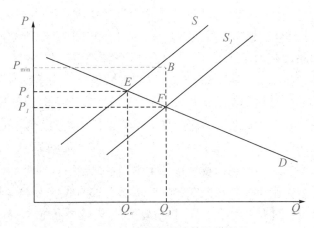

图 4-2　生猪利润保险的运作原理

资料来源：作者基于生猪利润保险的具体内容绘制。

由图 4-2 可知，无论是否触发理赔机制，当生猪价格过度下跌时，生猪利润保险均存在以下实施效果：①生猪市场供给与需求仍处于均衡状态，但市场供给增加了 Q_1-Q_e；②保险公司收入增加，为保费收入 L（不考虑保险公司的经营管理费用）；③政府支出增加，为一定比例的生猪利润保险保费补贴 αL；④生猪相关消费者剩余增加，为购买生猪利润保险前后消费者剩余的差额 P_1FEP_e。

生猪利润保险为生猪价格下跌或饲料价格上涨提供风险保障。为简化分析，这里分析生猪利润保险在生猪价格下跌情形时[①]的作用机制。假设生猪利润保险的保障价格为 P_{min}，则 P_{min} 有两种可能，分别是：①当 $P_{min}>P_1$ 时，市场均衡价格 P_1 低于生猪利润保险的保障价格 P_{min}，触发生猪利润保险的理赔机制，则生猪养殖户或企业的收入增加，为投保生猪利润保险前后的收入差额，再减去一定比例的保费支出 $(1-\alpha)L$，即 $P_{min}\times Q_1-P_e\times Q_e-(1-\alpha)L$；

---

① 在饲料价格上涨、生猪价格下跌与饲料价格上涨同时作用的情形下，生猪利润保险对养殖户进行赔偿的本质与生猪价格下跌情形是一致的，目的都是增加养殖户的收入，保障其净利润。

②当 $P_{min} \leqslant P_1$ 时，市场均衡价格 P_1 高于生猪利润保险的保障价格 P_{min}，不能触发生猪利润保险的理赔机制，则生猪养殖户或企业收入增加，为投保生猪利润保险前后的收入差额，再减去一定比例的保费支出，即 $P_1 \times Q_1 - P_e \times Q_e - (1-\alpha)L$ [①]。

2. 政府猪肉储备调节政策的运作原理与实施效果分析

没有政府猪肉储备调节政策时，生猪市场供给曲线 S 与需求曲线 D 相交于点 E，此时市场处于供求平衡状态，生猪市场的供给量与需求量均为 Q_e，市场出清时的生猪价格为 P_e（见图 4-3）。政府猪肉储备调节政策是以猪粮比为调控指标，猪粮比降低是由生猪价格下跌与玉米价格上涨导致的。

为简化分析，这里分析生猪价格下跌情形下[②]政府猪肉储备调节政策的运作原理与实施效果。假设政府临时收储的生猪最低价格为 P_{min}，则当生猪市场价格不低于生猪最低价格，即 $P_e \geqslant P_{min}$ 时，不启动临时收储政策，该政策对生猪市场没有影响。当生猪市场价格低于生猪最低价格，即 $P_e < P_{min}$ 时，启动临时收储政策，则市场供给曲线不变，市场需求曲线变为 D_1，D_1 上半部分为原需求曲线 D 的 DA 部分，下半部分与生猪最低价格线 P_{min} 重叠（见图 4-3）。此时生猪市场供给曲线与需求曲线相交于点 B，市场供给量增加到 Q_1，实际的生猪市场需求量由生猪最低价格线 P_{min} 与原需求曲线的交点 A 决定，即为 Q_2，则政府猪肉储备调节政策的实施效果为：①生猪供给大于市场实际需求，出现供给过剩 $Q_1 - Q_2$；②生猪养殖户或企业收入增加，为政府猪肉储备调节政策实施前后的收入差额 $P_{min}Q_1 - P_e Q_e$；③生猪相关消费者福利遭受损失，由于生猪价格由 P_e 增加到 P_{min}，消费者的需求量由 Q_e 下降到 Q_2，消费者剩余减少了 $P_e E A P_{min}$；④政府财政支出增加 $P_{min} \times (Q_1 - Q_2)$。

---

① 随着我国人均居民收入不断增加，我国居民猪肉需求是相对缺乏弹性的，供给相对富有弹性，则需求曲线相对平缓，供给曲线相对陡峭，外加我国农业保险保费补贴比例较高，可认为 $P_1 \times Q_1 - P_e \times Q_e - (1-\alpha)L > 0$。

② 在玉米价格上涨、生猪价格下跌与玉米价格上涨同时作用的情形下，猪肉储备调节政策的作用原理与生猪价格下跌情形是一致的，因为其目的都是增加养殖户或企业的收入。

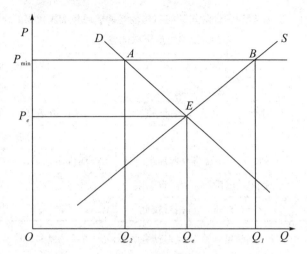

图4-3　政府猪肉储备调节政策的运作原理

资料来源：作者基于政府猪肉储备调节政策的具体内容绘制。

3. 生猪利润保险与政府猪肉储备调节政策实施效果的比较分析

　　根据上文生猪利润保险与政府猪肉储备调节政策的实施效果分析，我们从生猪市场供给、养殖户收入、消费者剩余、政府财政支出与经营主体等方面，对二者的差异进行比较分析（见表4-7），可知当生猪价格过度下跌时：①二者均可增加市场供给。但在生猪利润保险政策下，生猪市场供给与需求处于平衡状态；在政府猪肉储备调节政策下，生猪市场供给大于实际需求，供求的差额部分由政府购买。②生猪利润保险可降低生猪市场价格，增加消费者剩余；但政府猪肉储备调节政策通过政府购买直接抬高市场价格，挤出了部分消费者剩余，损害了消费者福利。③在生猪价格过度下跌的情形下，二者均可达到增加养殖户或企业收入的目的。④二者均需政府财政支持。生猪利润保险的政府财政支出为利润保险保费的一定比例，每年的财政支出是确定的；而猪肉储备调节政策的政府支出取决于价差与过剩供给量之间的乘积，财政支出金额与上限无法确定，政府财政负担较重。⑤二者的经营运作主体不同。政府猪肉储备调节政策的运作主体为相关政府行政部门，包括中央和地方财政、农业农村部、商务部、发展和改革委员会等部门，需要各部门之间的协作配合、中央和地方的联动协调；而生猪利润保险的运作主体为商业保险公司，经营效率相对较高。

表4-7   生猪利润保险与政府猪肉储备调节政策实施效果的比较

（生猪价格过度下跌的情形下）

不同点	政府猪肉储备调节政策	生猪利润保险
养殖户收入	收入增加	收入增加
生猪市场供给	增加市场供给，供过于求	增加市场供给，供求平衡
生猪市场价格	高于市场均衡价格	均衡价格
消费者福利	市场价格上升，消费者福利受损	市场价格下降，消费者福利增加
财政资金	政府支出不确定，没有上限	政府支出确定，为保费补贴
运营主体与效率	政府行政部门，相对较低	保险公司，相对较高

注：作者基于生猪利润保险与政府猪肉储备调节政策的实施效果比较得出。

三、生猪利润保险与生猪生产直接补贴政策、生猪疫病补助政策的比较分析

由第三章内容可知，生猪生产直接补贴政策包括生猪调出大县奖励资金、生猪良种补贴、能繁母猪补贴与生猪出栏补贴，每种生猪生产直接补贴政策的政策目标与资金用途都是不同的（见表4-8）。生猪生产直接补贴政策由相关政府行政部门具体实施，主要用于支持生猪圈舍改造、污粪处理，冷链物流、仓储、加工设施设备等流通加工环节的改进，补贴使用良种精液及能繁母猪养殖者等，目标在于提高生猪产业的良种化水平、生产能力与饲养环境。生猪疫病补助主要用于重大生猪疫病防控与猪肉质量安全保障，具体为猪蓝耳病、猪瘟、口蹄疫与非洲猪瘟等重大疫病的强制免疫服务购买、强制扑杀生猪的补助与养殖环节无害化处理的补贴。而生猪利润保险为由生猪价格下跌或生猪饲料价格上涨导致的生猪养殖净利润损失提供补偿，目的是保障生猪养殖户或企业面临的投入与产出的价格风险。这三种政策是相互补充、相辅相成的。

表 4－8　生猪生产直接补贴政策、生猪疫病补助与生猪利润保险的比较

政策类型		政策目标	补贴资金用途	执行主体
生猪生产直接补贴政策	生猪调出大县奖励资金	调动地方生猪生产的积极性，有效促进规模化、产业化生猪生产	支持生猪生产流通和产业发展，具体为圈舍改造、污粪处理、良种引进等生产环节，以及冷链物流、仓储、加工设施设备等流通加工环节的改进	相关政府行政部门
	生猪良种补贴	提高生猪良种化水平	补贴使用良种精液实施生猪人工授精的能繁母猪养殖者	
	能繁母猪补贴	调动能繁母猪养殖的积极性，提高能繁母猪生产能力	补贴规模养殖场、养殖户、种猪场和散养户饲养的能繁母猪	
	生猪出栏补贴	调动养殖户的生产积极性，应对非洲猪瘟疫情	补贴出栏的生猪	
生猪疫病补助	强制免疫补助	防控生猪重大疫情	生猪疫病强制免疫与效果评价、购买防疫服务等	相关政府行政部门
	强制扑杀补助	防控生猪重大疫情	给予强制扑杀的生猪以资金补贴	
	养殖环节无害化处理补助	保障猪肉质量安全，保护猪肉消费者利益	为病害猪的货主或养殖户提供病害猪损失补贴，为生猪定点屠宰企业提供无害化处理费用补贴	
生猪利润保险		调动生猪生产的积极性，为生猪生产提供投入与产出价格风险	为由生猪价格下跌或生猪饲料价格上涨导致的生猪养殖净利润损失提供补偿	保险公司

资料来源：作者基于生猪生产直接补贴政策、生猪疫病补助与生猪利润保险的具体内容整理。

第三节　利润保险在四川省生猪市场调控中的作用与政策定位

一、利润保险在四川省生猪市场调控中的可能作用

基于利润保险与四川省现行生猪市场调控政策的比较，我们尝试从生猪养殖户、相关消费者、政府、保险公司与生猪市场方面，分析其在四川省生猪市场调控中的可能作用。

（一）对生猪养殖户与消费者的可能作用

1. 保障生猪养殖户收入预期，提高养殖积极性

由前文内容可知，生猪利润保险是四川省生猪价格指数保险与饲料成本保险的结合，可为生猪养殖户提供由于投入与产出价格波动导致的养殖利润损失风险保障，使得生猪养殖户在生猪饲养初期便锁定了最低养殖利润，稳定了生猪养殖户的预期收入，有效降低了"猪周期"下行给养殖户造成的损失，可大大提高生猪养殖户的生产积极性。

2. 降低生猪市场价格，提高消费者福利

由于生猪利润保险稳定了养殖户的收入预期，且财政给予其的保费补贴与生猪产量直接挂钩，故生猪利润保险的推出可增加生猪市场供应，使生猪市场供给曲线右移，则生猪市场均衡价格下降。在消费者支出一定的情况下，可以购买更多的猪肉产品，消费者福利得以增加。

（二）对政府的可能作用

1. 切实履行政府职责，完善猪肉民生保障

生猪生产和猪肉供应是关乎群众生活、物价稳定与养殖户增收的大事，我国政府高度重视生猪稳产保供。生猪利润保险在各级政府财政资金的支持下，可有效保障生猪养殖户的预期利润，既能有效促进生猪养殖规模增加，降低生猪市场价格，也能够在生猪价格过度下跌时，防止因过度减栏而导致的生猪价格过度上涨，可提高相关消费者的福利，完善猪肉民生保障。

2. 减轻政府财政负担，提高财政资金使用效率

生猪利润保险由商业保险公司负责具体运作，中央和地方政府仅负责保费的补贴，每年政府财政资金的支出是固定的，农户需要承担一定的保费支出，政府的财政负担得以减轻。当生猪价格下跌或饲料价格上涨时，生猪养殖户利润损失大小的不确定性由保险公司负责，政府以确定的、相对较小的财政资金支出，保障了养殖户不确定的利润损失。商业保险公司作为我国农业保险的经营主体，有完善的经营管理团队，不需要政府部门再花费巨大的人力与物力运作生猪养殖户收入补贴支持，财政资金使用效率得以大大提高。

（三）对保险公司的可能作用

1. 扩大保险业务规模，稳定保险公司经营

我国生猪期货推出时间有限，生猪价格指数保险试点范围较窄，养殖户市场化的价格风险管理工具极其缺乏，但我国生猪价格波动剧烈，给养殖户造成巨大损失。生猪利润保险作为生猪价格下跌保障的重要工具，若由财政给予保费补贴，会受到广大生猪养殖户的欢迎，可显著扩大保险公司的农业保险业务规模，大量的承保标的更符合保险经营的大数法则要求，有助于稳定保险公司经营。

2. 加大产品创新能力，降低经营管理费用

生猪利润保险在我国属于新型农业保险产品，需依据我国生猪市场的运行、生猪和饲料价格指数的发布、保险公司与再保险公司的风险承担能力等实际情况，选择合理的价格指数、利润保障水平、生猪类型等，设计切实符合养殖户需求的生猪利润保险产品。保险公司作为利润保险产品设计与定价的主体，有助于加大其产品创新能力。该保险依据生猪和饲料价格指数确定保障水平与实际赔偿金额，是一种指数保险产品。保险事故发生时，不需要保险公司进行实地查勘定损，可显著降低保险公司的经营管理费用。

（四）对生猪市场的可能作用

1. 稳定生猪市场供应与价格，减弱"猪周期"效应

生猪利润保险为养殖户提供利润保障，养殖户可在养殖初期锁定最终养殖利润，稳定生猪养殖户的收入预期。在生猪价格下行期间，收入预期的保障不易导致生猪养殖户大幅调减饲养规模，即可稳定生猪价格下行期间的生猪市场供应，不易出现生猪生产下降导致的生猪价格上涨，而这正是"猪周期"的形成原理，可大大减弱"猪周期"给生猪市场造成的冲击。

2. 减轻行政干预力量，完善市场价格形成机制

与政府猪肉储备调节政策相比，生猪利润保险在市场价格过度下跌时，同样能够达到保障养殖户收入、防止生猪大幅减产的目的。政府在生猪利润保险机制中仅起到政策指导与保费补贴的作用，没有使用行政手段参与市场收储、

提高生猪市场价格，大大减轻了行政力量对生猪市场价格的干预，有助于完善生猪市场价格形成机制。

二、利润保险在四川省生猪市场调控中的政策定位

鉴于利润保险在四川省生猪市场调控中的可能作用，以及其与现行市场调控政策运作机制和实施效果的比较分析，我们进一步重申生猪利润保险的政策属性，并给出其在市场调控中的政策定位。

（一）生猪利润保险的政策属性

由前文内容可知，生猪利润保险为生猪养殖户提供生猪价格下跌或饲料价格上涨导致的养殖利润损失保障。由于其保障生猪价格下行的风险，而生猪价格下行是由生猪生产过剩导致的，因此其是在生猪生产供应充足时，为防止生猪价格过度下跌导致的生猪产能下降，而给予养殖利润损失补偿的一种生猪生产支持政策，是一种逆周期或反周期调控补贴政策。外加其是由政府部门负责监督与财政补贴支持、商业保险公司负责具体运营的保险产品，故其本质上是一种市场化的生猪生产逆周期或反周期调控补贴政策。

（二）生猪利润保险的政策定位

生猪利润保险同时为养殖户或企业提供生猪价格下跌与饲料价格上涨的风险保障，是四川省生猪价格指数保险与饲料成本保险的结合，且能够显著降低保险公司的经营管理费用，故在四川省生猪市场调控中其可作为二者的替代，是生猪市场调控中重要的价格风险管理工具。

我国政府猪肉储备调节政策分别在生猪价格正常波动、生猪价格过度下跌与生猪价格过度上涨时启动常规储备、临时收储与投放，目的在于建立常规储备、稳定生产者预期与生猪生产供应、保障猪肉相关消费者利益。尽管生猪利润保险为养殖户的净利润或净收益提供直接风险保障，但最终目标仍是保障养殖户或企业的生猪生产预期，以稳定生猪市场供应，显然这与政府猪肉储备调节政策在生猪价格过度下跌情形时的目标是一致的。且与政府猪肉储备调节政策相比，生猪利润保险具有不破坏生猪市场供给与需求平衡、财政资金使用规模较小及效率较高的优点，故在四川省生猪市场调控中可作为政府猪肉储备调节政策的重要补充。

生猪利润保险与生猪生产直接补贴政策、生猪疫病补助的政策目标与实施

方式各不相同。生猪生产直接补贴政策由相关政府行政部门具体实施，目标在于提高生猪产业的良种化水平、生产能力与饲养环境。生猪疫病补助主要用于重大生猪疫病防控与猪肉质量安全保障。而生猪利润保险为由生猪价格下跌或生猪饲料价格上涨导致的生猪养殖净利润损失提供补偿，目的是保障生猪养殖户或企业面临的投入与产出的价格风险。这三种政策是相辅相成的，因此在四川省生猪市场调控中生猪利润保险可与生猪生产直接补贴、生猪疫病补助政策一起助推生猪生产的现代化。

第四节　本章小结

本章首先通过介绍美国生猪市场调控的牲畜赔偿计划（Livestock Indemnity Program，LIP）、农业部采购计划、生猪保险项目（LRP 和 LGM 保险）、生猪疫病管理项目四大政策体系，发现生猪利润保险同时为生猪养殖户提供生猪投入与产出的价格风险保障，有效保障了生猪养殖户的实际养殖利润。且其由商业保险公司负责具体运营，是有效的市场化生猪市场调控工具。通过详细介绍美国生猪利润保险的实践方案与再保险协议，得出经验启示。

其次，通过比较生猪利润保险与四川省现行市场调控政策的目标、运作机理与实施效果，从生猪市场、政府、保险公司、消费者与养殖户等方面，给出利润保险在四川省生猪市场调控中的可能作用。

最后，基于政策属性与政策比较结果，得出生猪利润保险的政策定位，即其可在四川省生猪市场调控中作为生猪价格指数保险与饲料成本保险的替代、政府猪肉储备调节政策的重要补充，可与生猪生产直接补贴政策、生猪疫病补助相辅相成，一起助推生猪生产的现代化。

第五章 川猪产业振兴背景下生猪市场调控的利润保险机制设计

第一节 川猪产业振兴背景下生猪市场调控的利润保险运行机制设计

一、生猪利润保险运行机制的政策目标

(一) 川猪产业振兴背景下生猪市场调控机制的理论逻辑

自 2018 年非洲猪瘟疫情暴发以来，四川省生猪产能严重下滑、猪肉价格大幅上涨。生猪养殖户担心非洲猪瘟疫情或市场价格波动造成养殖利润损失，其生产积极性受到严重影响。为稳定生猪市场供应，四川省农业农村厅、四川省发展和改革委员会与财政厅等部门联合推出川猪产业振兴工作方案，提出使用保险等支持政策，稳定生猪生产，充分发挥市场在资源配置中的决定性作用。

鉴于现行生猪市场调控政策面临的政策调控时机不清晰、政策稳定性不足、市场化调控政策有限与反周期支持不足等问题，我们依据川猪产业振兴方案中提出的充分发挥市场在资源配置中的决定性作用原则，以及保险运作机制的市场化属性，构建市场化逆周期支持属性的利润保险运行机制。我们构建利润保险运行机制的理论逻辑是：既要尽可能减少行政干预对生猪市场的影响，又需通过逆周期的财政补贴稳定生猪市场供应。

(二) 利润保险运行机制的政策目标

由第四章内容可知，生猪利润保险为生猪价格下跌或饲料价格上涨导致的生猪养殖利润损失提供保障，是生猪价格指数保险与饲料成本保险的结合，可作为二者的替代。在生猪市场价格下跌时，与政府猪内储备调节政策相同，能

够起到保障生猪养殖户收入的作用，且不会影响生猪市场需求与价格，可作为政府猪肉储备调节政策的重要补充。因此，我们构建的生猪利润保险运行机制主要用于减轻"猪周期"给养殖户造成的损失，通过运用养殖利润补贴机制稳定生猪养殖户的生产行为，其政策目标为管理生猪价格或饲料价格波动导致的养殖利润波动风险，进而保障生猪养殖户的基本收益，以稳定生猪市场供应。

二、生猪利润保险运行机制的构建

（一）生猪利润保险运行机制的总体框架

根据川猪产业振兴背景下生猪市场调控机制构建的理论逻辑，以及生猪利润保险在四川省生猪市场调控中的政策定位与政策目标，我们构建由四川省农业农村厅与财政厅主导、四川省财政厅给予财政补贴、中国银行保险监督管理委员会四川监管局监管、商业保险公司负责具体运作、中国农业再保险股份有限公司提供再保险的利润保险运行机制，其总体框架见图5-1。

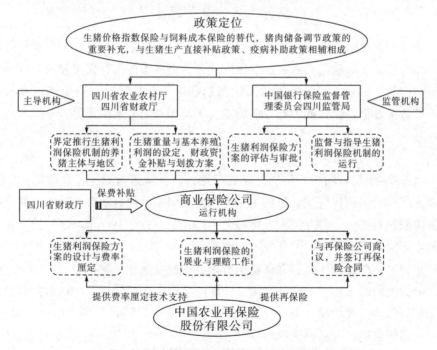

图5-1 生猪利润保险运行机制的总体框架

资料来源：作者依据构建的生猪利润保险运行机制绘制。

（二）生猪利润保险运行机制中参与主体的职能

1. 主导机构：四川省农业农村厅与四川省财政厅

由上文生猪利润保险的政策属性及其在市场调控中的政策定位可知，尽管本书构建的生猪利润保险运行机制采用保险运作机制，但其本质是生猪生产逆周期补贴支持政策。该政策的统筹、规划与利润补贴方案设计关系到四川省生猪市场的长期稳健运行，故需从四川省全局视角进行制定。

四川省农业农村厅是主管农业与农村经济发展的部门，承担制定四川省"三农"工作发展战略、中长期规划、重大政策，以及农业各产业监督管理等职责。生猪产业在四川省畜牧行业发展中具有举足轻重的作用，故可由四川省农业农村厅主导界定生猪利润保险运行机制推行的养殖主体与区域范围、设定生猪重量与基本养殖利润的保障水平，与四川省财政厅共同制定生猪利润保险运行机制的财政补贴范围与水平。同时，四川省财政厅在生猪利润保险运行机制中负责制订财政补贴划拨的具体方案，给商业保险公司以保费补贴。

2. 监管机构：中国银行保险监督管理委员会四川监管局

生猪利润保险运行机制由商业保险公司负责具体运营，是一种农业保险产品。四川省商业保险公司经营农业保险业务，需由中国银行保险监督管理委员会四川监管局监管，监管内容包括生猪利润保险产品条款、费率的备案与审批，准备金评估、偿付能力报告的编制与理赔相关资料的审查等。

3. 运行机构：商业保险公司

自 2007 年起，四川省便建立起政策性农业保险运营制度，即政府主导下的商业保险公司运作模式。目前中国人民财产保险股份有限公司与中华联合财产保险股份有限公司等 9 家商业保险公司已在全省各个县（市、区）建立了完善的农业保险服务体系，运营成本相对较低。

尽管本书构建的生猪利润保险运行机制的政策属性是生猪生产补贴支持政策，但为提高政策运营效率，需由商业保险公司负责具体运营，运营内容包括生猪利润保险方案的设计与费率厘定，产品销售与理赔，与再保险公司商议、签订再保险合同以分散巨灾风险等。

4. 再保险机构：中国农业再保险股份有限公司

生猪利润保险运行机制为生猪养殖户提供生猪价格下跌或饲料价格上涨风险的保障。价格波动风险具有系统性特征，容易给商业保险公司造成巨灾损失，为稳定保险公司经营，商业保险公司需运用再保险分散生猪价格或饲料价格的系统性风险。

中国农业再保险股份有限公司是由财政部、中国再保险股份有限公司与中国人民财产保险股份有限公司等 9 家单位共同发起筹建的专业化农业再保险公司，是国家农业大灾风险保障机制的核心。中国农业再保险股份有限公司可与商业保险公司商议，采用约定分保与市场化分保相结合的经营模式，分散生猪利润保险的巨灾风险损失。

第二节　川猪产业振兴背景下生猪市场调控的利润保险方案设计

一、生猪利润保险方案的总体思路

以川猪产业振兴推进工作方案为指导，结合四川省生猪养殖的实际情况，设计能够切实降低生猪养殖利润波动风险的具体方案，设计方案的总体思路如下：

（一）承保对象的界定

由于生猪散养户生猪养殖标准化水平有限，生猪养殖成本、利润与规模化生猪养殖存在明显差异，且川猪产业振兴工作方案明确提出大力发展生猪标准化规模养殖，故本书设计的生猪利润保险方案的承保对象为年出栏在 500 头以上的规模化生猪养殖户或企业。

（二）生猪养殖利润公式的确定原则

生猪养殖利润方案的政策目标是为养殖户或企业提供生猪养殖的基本利润保障。本书在确定生猪养殖利润计算公式时，结合国内生猪养殖利润核算的实际情况，分养殖收入（产值）与养殖成本两个部分进行，具体包括以下三个步骤：

首先，分析生猪养殖利润的重要影响因素。以生猪出栏销售收入确定养殖收入，分解销售收入的各组成部分，进而分析影响生猪销售收入波动的实际因素。生猪养殖成本包括从购买仔猪到生猪出栏的实际养殖成本，通过分析生猪养殖成本的构成，以及影响每一部分成本变动的实际影响因素，找出生猪养殖利润波动的影响因素。

其次，构建生猪养殖利润的公式：

$$养殖利润＝生猪销售收入－生猪养殖成本 \qquad (5.1)$$

其中，将生猪养殖利润波动（包括收入波动和成本波动）的重要影响因素作为生猪养殖利润公式的解释变量，放入公式（5.1）的右侧部分，其余部分的收入或成本放在公式（5.1）的左侧部分，作为生猪养殖利润保险方案的基本养殖利润保障。

最后，确定生猪养殖利润保险方案的基本养殖利润保障。依据本书构建的生猪利润保险运行机制的政策目标，确定基本生猪养殖利润保障的基本原则为养殖利润为 0，即生猪销售收入能够覆盖全部的生猪养殖成本。根据构建的生猪养殖利润公式，基于近三年的历史平均数据，计算基本养殖利润保障水平。

（三）数据选择、承保与理赔周期确定的基本原则

由于生猪利润保险不承保生猪死亡的风险，不需要现场查勘定损，其本质上是一种指数保险，需坚持公开、透明与权威性的原则，选择设计方案中运用的数据指数。承保周期需结合生猪实际饲养周期与减少生猪养殖户或企业的逆向选择原则确定。理赔周期需结合保险公司经营管理费用与切实保障养殖户或企业养殖利润的原则确定。

二、生猪利润保险方案的具体内容

（一）生猪养殖利润计算公式

1. 生猪养殖利润波动的重要影响因素

生猪养殖利润是生猪销售收入与生猪养殖成本之间的差额。其中，生猪销售收入取决于生猪售卖价格与生猪饲养重量的乘积，养猪户为追求利润最大

化，会选择饲料利用率最高的生猪饲养重量，2017—2019 年，四川省生猪出栏的平均重量约为 120kg①，故生猪销售收入的波动主要取决于生猪价格的波动，可得出生猪价格是影响生猪养殖利润波动的重要因素。

依据《全国农产品成本收益资料摘要》，生猪养殖成本包括物质与服务费用、人工成本、土地成本。由表 5-1 可知，人工成本与土地成本总体占比较低，但随着规模化水平的下降，人工成本占比大幅上升，其在大规模养殖成本中的占比不足 7%，而在小规模养殖成本中的占比却提高到 16.6%。物质与服务费用主要包含直接费用与间接费用，其中，直接费用包括仔畜费、精饲料费、青粗饲料费、饲料加工费、水费、燃料动力费等，间接费用包括固定折旧费、保险费、管理费、财务费等。物质与服务费在规模生猪养殖成本中占绝对比例，尽管随着规模化水平的变动，其在总成本中的比例不同，但均高于83%。精饲料费与仔畜费是物质与服务费中最大的两类支出，从大规模生猪养殖到小规模生猪养殖，精饲料费占比与仔畜费的占比均不断降低，但二者之和在生猪养殖总成本中的占比均超过 74%。可见，影响生猪养殖成本的重要因素包括精饲料费与仔畜费。

精饲料费由饲料价格与饲料数量的乘积决定。四川省规模养殖每头育肥猪从仔猪到生猪出栏所需的精饲料数量平均为 278.98kg②，故精饲料费的波动主要取决于饲料价格波动，可得出饲料价格是生猪养殖利润波动的重要影响因素。仔猪费由仔猪重量与仔猪价格的乘积决定，2017—2019 年四川省规模养殖仔猪平均重量为 26.50kg③，故仔猪费的波动主要由仔猪价格的波动引起，即仔猪价格是生猪养殖利润波动的重要影响因素。

---

① 作者根据 2018—2020 年《全国农产品成本收益资料摘要》中 2017—2019 年生猪产量数据计算得出。

② 作者根据 2018—2020 年《全国农产品成本收益资料摘要》中 2017—2019 年四川省精饲料数量数据计算得出。

③ 作者根据 2018—2020 年《全国农产品成本收益资料摘要》中 2017—2019 年四川省仔猪重量数据计算得出。

表5-1 2006—2019年规模生猪各类养殖成本占比

年份	大规模生猪各类养殖成本占比（年出栏10000头以上）					中规模各类生猪养殖成本占比（年出栏3000~10000头）					小规模生猪各类养殖成本占比（年出栏500~3000头）				
	物质与服务费	精饲料费	仔畜费	人工成本	土地成本	物质与服务费	精饲料费	仔畜费	人工成本	土地成本	物质与服务费	精饲料费	仔畜费	人工成本	土地成本
2006年	97.20%	69.57%	21.03%	2.38%	0.42%	80.89%	55.64%	15.88%	18.93%	0.19%	73.96%	25.56%	21.48%	26.04%	0.00%
2007年	97.30%	49.54%	42.13%	2.19%	0.52%	96.81%	49.48%	38.28%	3.14%	0.04%	86.11%	33.34%	32.89%	13.89%	0.00%
2008年	97.00%	35.97%	54.60%	2.66%	0.34%	93.98%	32.99%	50.62%	5.58%	0.44%	91.58%	32.40%	50.16%	8.16%	0.27%
2009年	95.54%	50.02%	39.91%	3.93%	0.53%	91.87%	49.77%	33.66%	7.82%	0.31%	91.21%	46.76%	34.26%	8.65%	0.14%
2010年	94.06%	53.49%	35.13%	5.72%	0.22%	87.61%	52.06%	28.57%	12.12%	0.26%	88.14%	52.58%	25.05%	11.67%	0.18%
2011年	92.74%	49.54%	39.37%	7.09%	0.17%	88.58%	47.56%	36.15%	11.22%	0.20%	86.20%	45.41%	33.36%	13.66%	0.15%
2012年	93.51%	48.63%	42.08%	6.38%	0.12%	87.84%	47.19%	36.30%	12.01%	0.15%	83.90%	46.92%	30.73%	15.98%	0.12%
2013年	91.95%	49.11%	38.65%	7.93%	0.12%	86.27%	48.00%	32.92%	13.58%	0.15%	81.33%	46.63%	28.67%	18.54%	0.13%
2014年	92.58%	53.02%	35.51%	7.31%	0.11%	85.43%	50.83%	29.30%	14.43%	0.14%	79.87%	45.82%	27.02%	20.00%	0.13%
2015年	92.09%	49.58%	38.56%	7.80%	0.11%	85.50%	49.06%	31.50%	14.35%	0.16%	79.68%	45.86%	27.92%	20.19%	0.12%
2016年	92.54%	42.01%	47.80%	7.36%	0.10%	87.52%	40.73%	42.43%	12.34%	0.13%	82.40%	37.60%	40.17%	17.49%	0.11%
2017年	92.74%	46.41%	43.05%	7.16%	0.11%	86.02%	42.40%	39.31%	13.84%	0.14%	81.07%	40.33%	36.54%	18.81%	0.12%
2018年	91.69%	51.88%	35.83%	8.19%	0.12%	84.88%	48.90%	31.40%	14.95%	0.17%	78.53%	45.78%	28.86%	21.33%	0.14%
2019年	91.41%	47.28%	39.75%	8.48%	0.10%	88.11%	47.94%	35.62%	11.75%	0.16%	81.82%	44.48%	33.20%	18.05%	0.12%
平均	93.74%	49.72%	39.53%	6.04%	0.22%	87.95%	47.32%	34.42%	11.86%	0.19%	83.27%	42.10%	32.17%	16.60%	0.12%

注：百分比数据是作者根据2007—2020年《全国农产品成本收益资料摘要》中的数据计算得出的。

综上所述，养殖户为追求利润最大化，生猪标准化饲养过程中的仔猪重量、饲料数量与育肥猪出栏重量几乎是固定不变的[①]，故生猪养殖利润的重要影响因素包括导致生猪销售收入波动的生猪价格、导致生猪养殖成本波动的饲料价格与仔猪价格。

2. 生猪养殖利润计算公式的选择

由于生猪养殖利润的波动主要取决于生猪价格、饲料价格与仔猪价格的波动，本书设计的生猪利润保险方案需为养殖户或企业提供由此三者价格波动引起的生猪养殖利润波动风险的保障，故我们可构建由生猪价格、饲料价格与仔猪价格作为解释变量的生猪养猪利润计算公式。

生猪饲料的主要原料为玉米、豆粕与小麦麸[②]，依据经典生猪饲料配比及目前市场中主要饲料企业（新希望六和、正大饲料等企业）[③] 的生猪饲料配方调研，我们选取的饲料原料占比为：70%玉米、20%豆粕、10%小麦麸。由上文可知，四川省规模养殖每头育肥猪从仔猪到出栏所需的精饲料数量平均为278.98kg，故四川省规模养殖每头育肥猪从仔猪到出栏所需的玉米数量为278.98×70%、豆粕数量为278.98×20%、小麦麸数量为278.98×10%，四舍五入取小数点后两位之后分别为195.29kg、55.80kg、27.90kg。

生猪养猪利润为生猪销售收入与生猪养殖成本的差额，具体计算公式为：

$$M_{margin} = W_{pig}P_{pig} - W_{corn}P_{corn} - W_{Soybeanmeal}P_{Soybeanmeal} - W_{wheatbran}P_{wheatbran} - W_{piglet}P_{piglet}$$

$$(5.2)$$

其中，M_{margin} 为生猪养殖利润，W_{pig}、P_{pig} 为生猪出栏重量与价格，W_{corn}、P_{corn} 为玉米用量和价格，$W_{Soybeanmeal}$、$P_{Soybeanmeal}$ 为豆粕用量和价格，$W_{wheatbran}$、$P_{wheatbran}$ 为小麦麸用量与价格，W_{piglet}、P_{piglet} 为仔猪重量与价格。

[①] 短期内（通常为1～3年），在既定的生猪养殖技术下，每头生猪所需的饲料数量、育肥猪出栏重量可认为是固定的。

[②] 资料来源于四川省农业农村厅官网，http://nynct. sc. gov. cn/nynct/c100666/zfxxzdgklist. shtml。

[③] 通过调研主要生猪饲料企业育肥猪饲料主流产品中不同饲养阶段（生猪饲料配方需根据生猪饲养阶段做适当调整）中玉米、豆粕与小麦麸的占比，从仔猪到生猪出栏各阶段所需饲料总量，计算玉米、豆粕与小麦麸在所需饲料总量中的比例。调研的主流产品包括新希望六合4%预混料、正大饲料6%预混料、精准4%育肥混合料、华畜4%育肥混合料、百宜云4%育肥混合料、北农传世4%育肥混合料等。

由上文可知，生猪出栏重量 W_{pig}、玉米用量 W_{corn}、豆粕用量 $W_{Soybeanmeal}$、小麦麸用量 $W_{wheatbran}$ 与仔猪重量 W_{piglet} 分别为 120kg、195.29kg、55.80kg、27.90kg、26.50kg，故生猪养殖利润计算公式可简化为：

$$M_{margin} = 120P_{pig} - 195.29P_{corn} - 55.80P_{Soybeanmeal} - 27.90P_{wheatbran} - 26.50P_{piglet}$$

$$(5.3)$$

（二）基本养殖利润保障与免赔额

在确定生猪养殖利润公式（5.3）时，我们主要考虑影响生猪养殖利润波动的重要因素，故养殖利润公式中扣除了饲料费用与仔猪费用的成本，这两者是生猪养殖的主要投入成本，超过总成本的 70%。本书设计的生猪养殖利润保险方案的目标是保障养殖户或企业的基本养殖收益，避免生猪养殖在出现较大亏损时，生猪养殖户或企业大规模退出生猪市场，给生猪市场供给造成较大冲击，因此生猪利润保险方案保障主要养殖投入即可。外加需要考虑养殖户或企业的利润保险保费承担能力，力求不给养殖户或企业带来较大资金压力，因此，我们将生猪养猪利润保险方案的基本保障水平设定为 0。

为满足生猪养殖户或企业的多样化保障水平，设定多种免赔额水平，分别为 10 元/头、20 元/头、30 元/头、40 元/头与 50 元/头。

（三）保险期间、理赔期间与承保数量

1. 保险期间

生猪养殖从仔猪到生猪出栏的养殖周期为 5.5~6.0 个月[①]，规模生猪养殖户或企业根据当前育肥猪存栏水平，可以准确预测未来 6 个月的生猪出栏数量，考虑到需要尽量降低保险公司的经营管理费用，我们将生猪利润保险的保险期间设定为 6 个月。为防止生猪养殖户或企业的逆向选择，第一个月为观察期，实际承保周期仅为 5 个月。

2. 理赔期间

为分散养殖风险、实现利益最大化，规模生猪养殖户或企业一年内通常会有多个饲养批次，故一年内几乎每个月均会有生猪出栏。本书设计的生猪利润

---

① 大连商品交易所：《生猪期货交易指南》，http://www.dce.com.cn/eportal/fileDir/dalianshang pin/resource/cms/2021/01/20210107187215547162.pdf。

保险的承保周期为 6 个月，6 个月内生猪价格、饲料价格会起起落落，若采用保险合同到期时一次性理赔的方式，生猪与饲料价格也许不能反映生猪养殖户或企业的实际售卖情况，故我们将生猪利润保险的理赔周期设定为 1 个月，以便能切实为养殖户或企业提供生猪养殖利润保障。

3. 承保数量

由于生猪养殖户或企业可准确预测未来 6 个月内的生猪出栏量，故本书的承保数量由生猪养殖户或企业预计的利润保险实际承保周期内生猪出栏数量确定。理赔时，生猪养殖户或企业需提供每月实际生猪销售票据，当每月实际生猪销售量合计小于保险合同约定数量的 90％时，理赔数量以实际销售数量为准，且退还多余部分保费；当实际生猪销售量大于或等于保险合同约定数量的 90％时，以合同约定数量进行理赔。

（四）价格指数的选择：省级现货价格

由于农产品期货市场具有价格发现功能，且农产品期货价格具有公开性、透明性与权威性的特点，故美国生猪利润保险选取期货市场价格作为生猪利润保险的价格指数。在本书中，我们通过分析影响国内生猪养殖利润的重要因素，设定了生猪养殖利润的计算公式（5.3），其涉及生猪出栏价格、玉米价格、豆粕价格、小麦麸价格与仔猪价格。尽管我国农产品期货品种丰富，但还没有小麦麸与仔猪的期货品种，且生猪期货市场运行时间较短，易出现生猪期货价格与现货价格偏离较大的现象，为保持各类农产品价格指数的一致性，我们选用生猪、玉米、豆粕、小麦麸与仔猪的现货价格作为生猪养殖利润计算公式的价格指数。

随着互联网的普及，农产品价格波动的地区差异逐渐减小，尤其是由于省内农业政策的一致性与交通便利性，省内各地区之间的农产品价格波动几乎是一致的。为保证数据的公开性、权威性与可获得性，我们选取四川省农业农村厅公布的四川生猪价格和生产监测情况月度数据作为本书设定的生猪养殖利润计算公式中的价格指数。

（五）仔猪价格 P_{piglet} 的说明

由于本书设计的生猪利润保险方案的承保期为 6 个月，实际保障的是生猪从饲养到出栏的生猪养殖利润，承保期内没有购买仔猪，故在生猪利润保险承保期内根本不需要考虑仔猪价格的变化。生猪养殖户或企业是在承保期之前的

6 个月内购买的仔猪，所以仔猪价格需前置半年，生猪养殖利润计算公式为：

$$M_{margin(t)} = 120P_{pig(t)} - 195.29P_{corn(t)} - 55.80P_{Soybeanmeal(t)} - $$
$$27.90P_{wheatbran(t)} - 26.50P_{piglet(t-6)} \qquad (5.4)$$

三、生猪利润保险方案的特色分析

与四川省现行生猪价格指数保险、美国生猪利润保险相比，本书设计的生猪利润保险的特色较为明显，如地区现货价格指数的选取可显著降低养殖户或企业承担的基差风险、包含多种生猪养殖成本的利润公式可切实为养殖户提供生猪养殖利润波动风险保障等。

（一）选用地区现货价格指数，显著降低生猪养殖户或企业的基差风险

农产品期货价格是全国农产品价格的未来预期，可看作全国农产品价格的平均值。由于不同省份农产品支持政策、生产环境不同，农产品价格波动仍呈现一定的地区差异性。本书选取四川省农业农村厅公布的月度现货价格作为生猪利润保险方案的价格指数，而不是各种农产品的期货价格，更接近四川省生猪养殖户或企业的仔猪、饲料购买价格与生猪售卖价格，可显著降低养殖户或企业需承担的基差风险。

（二）生猪利润公式包含多种生猪养殖成本，可切实保障养殖户的利润波动风险

美国生猪利润保险仅考虑生猪所需的饲料成本。本书设计的生猪利润保险方案的目标在于保障养殖户的基本养殖利润，因而考虑了生猪养殖过程中的所有成本，包括物质与服务费用、生产成本与土地成本。通过对各种成本的分解与分析，找出影响生猪养殖利润波动的重要影响因素作为解释变量，非重要因素的成本作为基本保障利润，因此本书构建的生猪养殖利润计算公式既包含生猪饲料成本变动，也包括仔猪费用变动，是结合《全国农产品成本收益资料摘要》中统计的真实生猪养殖利润而设计的生猪利润保险方案，可切实为生猪养殖户或企业提供利润波动风险保障。

第三节　川猪产业振兴背景下生猪市场调控的利润保险方案定价

一、定价方法的选择与介绍：非参数核密度估计与多元 Copula 函数

由生猪养殖利润计算公式（5.4）可知，生猪养殖利润保险方案定价涉及生猪出栏价格 P_{pig}、玉米价格 P_{corn}、豆粕价格 $P_{Soybeanmeal}$、小麦麸价格 $P_{wheatbran}$ 与仔猪价格 P_{piglet}，这五个价格之间并非是完全独立的，生猪出栏价格与仔猪价格之间一般是正相关的，生猪出栏价格与饲料价格之间也存在一定的相关关系。因此，我们首先选取合适的分布拟合五个价格序列，其次采用合适的相关性函数测度五个序列之间的相关性，具体如下：

（一）边缘分布：非参数核密度估计

农产品价格分布的拟合方法包括参数法、非参数法与半参数法，常用的参数方法包括正态分布、对数正态分布、逻辑斯特分布、对数逻辑斯特分布、伽马分布与贝塔分布等（田菁和张琅等，2019[1]；赵玉和严武，2019[2]）。参数法一般先假设农产品价格服从某种分布，然后再用经验数据（历史数据）估计分布的参数。若可以确定农产品的真实分布，那么参数方法的拟合效率很高。但若对农产品价格先验分布缺乏充分的认知，或者分布类型选择不合适，拟合分布便会偏离真实分布，进而导致费率厘定结果不准确（Goodwin 和 Hunger，2015[3]）。

与参数方法不同，非参数方法不需要事先假定农产品价格的分布类型，而是直接基于农产品经验数据进行拟合，确定拟合效果最好的分布，其具有分布

---

① 田菁、张琅、袁佳子：《农作物收入保险省及地市级定价研究——以辽宁省玉米、大豆为例》，《保险研究》，2019 年第 3 期，第 103~115 页。

② 赵玉、严武、李佳：《基于混合 Copula 模型的水稻保险费率厘定》，《统计与信息论坛》，2019 年第 8 期，第 66~74 页。

③ Barry K Goodwin, Ashley F Hunger: Copula − based models of systemic risk in U. S. agriculture: implications for crop insurance and reinsurance contracts, American journal of agricultural economics, 2015（3）: 879−896.

形式自由、假设要求宽松与结果相对准确等优点（张译元和孟生旺，2020[①]）。因此，我们选择非参数核密度估计拟合生猪利润保险方案中的五个价格数据序列。

1. 核密度估计的定义

设 $X_1, X_2, \cdots, X_n$ 是取自一元连续总体的样本，在任一点 x 处的总体密度函数 $f(x)$ 的核密度估计定义为：

$$\hat{f}_h(x) = \frac{1}{nh} \sum_{i=1}^{n} K\left(\frac{x - X_i}{h}\right) \tag{5.5}$$

其中，$K(\ )$ 为核函数（kernel function），h 为窗宽。

为了保证 $\hat{f}_h(x)$ 作为密度函数估计的合理性，要求核函数 $K(\ )$ 满足：

$$K(x) \geqslant 0, \int_{-\infty}^{+\infty} K(x) \mathrm{d}x = 1 \tag{5.6}$$

即要求 $K(\ )$ 是某个分布的密度函数。

核函数有多种不同的表示形式，如 Uniform、Triangle、Cosinus 和 Gaussian 函数等。核函数的不同形式对核密度估计的影响不大，因此我们选用 Gaussian 函数 $\frac{1}{\sqrt{2\pi}} \exp\left(-\frac{1}{2}u^2\right)$。

2. 核密度估计的最优窗宽

核密度估计 $\hat{f}_h(x)$ 图像的光滑度取决于 $\hat{f}_h(x)$ 中的窗宽。若 h 取值较大，x 处的密度估计包含较多的样本点，且距离 x 处较近的点与较远的点对应的核函数值差异相对较小，$\hat{f}_h(x)$ 曲线较为平滑，但却丢失了数据包含的一些信息。若 h 取值较小，x 处的密度估计包含较少的样本点，距离 x 处较近的点与较远的点对应的核函数值差异较大，$\hat{f}_h(x)$ 的图像呈现为不光滑的折线，能够反映出样本点所包含的较多信息。由此可见，窗宽的选择至关重要。最佳窗宽的估计方法如下：

$$MISE(\hat{f}_h) = E\left[\int \{\hat{f}_h(x) - f(x)\}^2 \mathrm{d}x\right] \tag{5.7}$$

---

① 张译元、孟生旺：《农业指数保险定价模型的研究进展及改进策略》，《统计与信息论坛》，2020 年第 1 期，第 30~39 页。

其中，$f(x)$ 为总体的真实分布密度，$MISE$ 是关于窗宽 h 的函数，该函数的最小值即为最佳窗宽的估计值。

若 $K(x)$ 满足如下条件：

(1) $K(x)$ 定义在 $[-1, 1]$ 上，且是对称的；

(2) $\int K(x)\mathrm{d}x = 1$，即 $K(x)$ 是一个密度函数；

(3) $\int xK(x)\mathrm{d}x = 0$；

(4) $\int x^2 K(x)\mathrm{d}x = \sigma_k^2 > 0$。

则当 $h \to 0, nh \to +\infty$ 时，

$$MISE(\hat{f}_h) \approx \frac{1}{4}\sigma_k^4 h^4 \int \left[f''(x)\right]^2 \mathrm{d}x + \frac{1}{nh}\int \left[K(x)\right]^2 \mathrm{d}x \tag{5.8}$$

求解 $\min\limits_{h} MISE(\hat{f}_h)$ 可得

$$\hat{h} = \left\{\frac{\int \left[K(x)\right]^2 \mathrm{d}x}{\sigma_k^4 \int \left[f''(x)\right]^2 \mathrm{d}x}\right\}^{\frac{1}{5}} n^{-\frac{1}{5}} \tag{5.9}$$

（二）联合分布：多元 Copula 函数

由于受天气、生猪疫病、猪肉和饲料供求等因素的影响，生猪出栏价格 P_{pig}、玉米价格 P_{corn}、豆粕价格 $P_{Soybeanmeal}$、小麦麸价格 $P_{wheatbran}$ 与仔猪价格 P_{piglet} 之间的相依结构比较复杂，可采用 Copula 函数估算它们之间的相关关系。与线性回归法、多元经验分布法相比，运用 Copula 函数构建多个随机变量的联合分布，能够捕捉更多变量之间的相关信息，被广泛应用于农业保险定价（Ghosh、Woodard 和 Vedenov，2011[1]；李霞，2014[2]）。常用的 Copula 函数包括椭圆 Copula（高斯 Copula 和 t−Copula）和阿基米德 Copula（Clayton Copula、Frank Copula 和 Gumbel Copula）。根据五个价格序列之间相关关系的图形及多元 Copula 函数模拟分布相关性的特点，我们选取椭圆 Copula 函数

[1] Somali Ghosh, Joshua D Woodard, Dmitry Vedenov: Efficient estimation of Copula mixture model: an application to the rating of crop revenue insurance，https://ageconsearch. umn. edu/record/103738/.

[2] 李霞：《COPULA方法及其应用》，经济管理出版社，2014 年，第 1 页。

（高斯 Copula 和 t−Copula）估计五个价格序列之间的相关关系。

1. 多元 Copula 函数的定义与性质

N 元 Copula 函数是指满足以下性质的函数 $C(u_1, u_2, \cdots, u_N)$：

(1) 定义域为 $[0,1]^N$；

(2) $C(u_1, u_2, \cdots, u_N)$ 有零基面，并且是 N 维递增的；

(3) $C(u_1, u_2, \cdots, u_N)$ 有边缘分布函数 $C_i(u_i), i = 1, 2, \cdots, N$，且满足：

$$C_i(u_i) = C(1, \cdots, 1, u_i, 1, \cdots, 1) = u_i \tag{5.10}$$

其中，$u_i \in [0,1], i = 1, 2, \cdots, N$。

令 $F(x_1, x_2, \cdots, x_N)$ 为具有边缘分布 $F_1(x_1), F_2(x_2), \cdots, F_N(x_N)$ 的 N 元联合分布函数，则存在一个 Copula 函数 $C(u_1, u_2, \cdots, u_N)$，满足：

$$F(x_1, x_2, \cdots, x_N) = C(F_1(x_1), F_2(x_2), \cdots, F_N(x_N)) \tag{5.11}$$

若 $F_1(x_1), F_2(x_2), \cdots, F_N(x_N)$ 是连续函数，则 $C(u_1, u_2, \cdots, u_N)$ 唯一确定；反之，若 $F_1(x_1), F_2(x_2), \cdots, F_N(x_N)$ 是一元分布函数，则 $C(u_1, u_2, \cdots, u_N)$ 是一个 Copula 函数，则由式（5.11）确定的 $F(x_1, x_2, \cdots, x_N)$ 是具有边缘分布 $F_1(x_1), F_2(x_2), \cdots, F_N(x_N)$ 的 N 元联合分布函数。

多元 Copula 函数满足以下性质：

(1) $C(u_1, u_2, \cdots, u_N)$ 关于每一个变量都是单调非降的；

(2) $C(u_1, u_2, \cdots, 0, \cdots, u_N) = 0, C(1, \cdots, 1, u_i, 1, \cdots, 1) = u_i$；

(3) 对于任意的 $u_i, v_i \in [0,1], i = 1, 2, \cdots, N$，有：

$$\left| C(u_1, u_2, \cdots, u_N) - C(v_1, v_2, \cdots, v_N) \leqslant \sum_{i=1}^{N} |u_i - v_i| \right| \tag{5.12}$$

(4) 令 $C^-(u_1, u_2, \cdots, u_N) = \max(\sum_{i=1}^{N} u_i - N + 1, 0), C^+(u_1, u_2, \cdots, u_N) = \min(u_1, u_2, \cdots, u_N)$，则对任意的 $u_i \in [0,1], i = 1, 2, \cdots, N$，有：

$$C^-(u_1, u_2, \cdots, u_N) \leqslant C(u_1, u_2, \cdots, u_N) \leqslant C^+(u_1, u_2, \cdots, u_N) \tag{5.13}$$

记为 $C^- \leqslant C \leqslant C^+$。称 C^- 和 C^+ 分别为 Fréchet 下界和上界，当 $N \geqslant 2$ 时，C^+ 是一个 N 元 Copula 函数，但是当 $N > 2$ 时，C^- 并不是一个 Copula 函数。

（5）若 $U_i \sim U(0,1)$，$i = 1,2,\cdots,N$ 相互独立，则 $C(u_1,u_2,\cdots,u_N) = \prod_{i=1}^{N} u_i$。

N 元正态 Copula 分布函数和密度函数的表达式分别为：

$$C(u_1,u_2,\cdots,u_N;\boldsymbol{\rho}) = \Phi_\rho(\Phi^{-1}(u_1),\Phi^{-1}(u_2),\cdots,\Phi^{-1}(u_N)) \quad (5.14)$$

$$c(u_1,u_2,\cdots,u_N;\boldsymbol{\rho}) = \frac{\partial^N C(u_1,u_2,\cdots,u_N;\boldsymbol{\rho})}{\partial u_1 \partial u_2 \cdots \partial u_N}$$

$$= |\boldsymbol{\rho}|^{-\frac{1}{2}} \exp\left(-\frac{1}{2}\zeta'(\rho^{-1} - \boldsymbol{I})\zeta\right) \quad (5.15)$$

其中，$\boldsymbol{\rho}$ 为对角线上元素全为 1 的 N 阶对称正定矩阵，$|\rho|$ 表示矩阵 $\boldsymbol{\rho}$ 的行列式；Φ_ρ 表示相关系数矩阵为 $\boldsymbol{\rho}$ 的 N 元标准正态分布函数，它的边缘分布均为标准正态分布，Φ^{-1} 表示标准正态分布的分布函数的逆函数；$\zeta' = (\Phi^{-1}(u_1),\Phi^{-1}(u_2),\cdots,\Phi^{-1}(u_N))$；$\boldsymbol{I}$ 为单位矩阵。

N 元 t−Copula 分布函数和密度函数的表达式为：

$$C(u_1,u_2,\cdots,u_N;\boldsymbol{\rho},k) = t_{\rho,k}(t_k^{-1}(u_1),t_k^{-1}(u_2),\cdots,t_k^{-1}(u_N))$$

$$(5.16)$$

$$c(u_1,u_2,\cdots,u_N;\boldsymbol{\rho},k) = |\boldsymbol{\rho}|^{-\frac{1}{2}} \frac{\Gamma\left(\frac{k+N}{2}\right)\left[\Gamma\left(\frac{k}{2}\right)\right]^{N-1}}{\left[\Gamma\left(\frac{k+1}{2}\right)\right]^N} \frac{\left(1 + \frac{1}{k}\zeta'\boldsymbol{\rho}^{-1}\zeta\right)^{-\frac{k+N}{2}}}{\prod_{i=1}^{N}\left(1 + \frac{\zeta_i^2}{k}\right)^{-\frac{k+1}{2}}}$$

$$(5.17)$$

其中，$t_{p,k}$ 表示相关系数矩阵为 $\boldsymbol{\rho}$、自由度为 k 的标准 N 元 t−Copula 分布函数，t_k^{-1} 表示自由度为 k 的一元 t 分布的逆函数，$\xi' = [t_k^{-1}(u_1),t_k^{-1}(u_2),\cdots,t_k^{-1}(u_N)]$。

2. 多元 Copula 函数的参数估计

Copula 函数常用的参数估计方法包括极大似然估计、分步估计与半参数估计。本书选用分步估计，首先估计构建模型中边缘分布的参数 $\theta_1,\theta_2,\cdots,\theta_N$，然后再估计联合分布 Copula 函数中的参数 α。分步估计的基础是极大似然估计，故先介绍多元 Copula 函数的极大似然估计。

设连续随机变量 $X_1,X_2,\cdots,X_N$ 的边缘分布函数分别为 $F_1(x_1,\theta_1)$，$F_2(x_2,\theta_2)$，$\cdots$，$F_N(x_N,\theta_N)$，边缘密度函数分别为 $f_1(x_1,\theta_1)$，$f_2(x_2,\theta_2)$，$\cdots$，

$f_N(x_N, \theta_N)$。

选取的 Copula 函数的密度函数为 $c(u_1, u_2, \cdots, u_N; \alpha) = \dfrac{\partial^2 C(u_1, u_2, \cdots, u_N; \alpha)}{\partial u_1 \partial u_2 \cdots \partial u_N}$，则 $(X_1, X_2, \cdots, X_N)$ 的联合分布函数为：

$$H(x_1, x_2, \cdots, x_N; \theta_1, \theta_2, \cdots, \theta_N; \alpha) = C[F_1(x_1, \theta_1), F_2(x_2, \theta_2), \cdots,$$
$$F_N(x_N, \theta_N); \alpha] \tag{5.18}$$

由此可得 $(X_1, X_2, \cdots, X_N)$ 的联合密度函数，即：

$$h(x_1, x_2, \cdots, x_N; \theta_1, \theta_2, \cdots, \theta_N; \alpha) = \frac{\partial^N H}{\partial x_1 \partial x_2 \cdots x_N} = c[F_1(x_1, \theta_1), F_2(x_2,$$
$$\theta_2), \cdots, F_N(x_N, \theta_N); \alpha] F_1(x_1, \theta_1) f_2(x_2, \theta_2) \cdots f_N(x_N, \theta_N) \tag{5.19}$$

可得样本 $(X_{1i}, X_{2i}, \cdots, X_{Ni})(i = 1, 2, \cdots, M)$ 的对数似然函数：

$$\ln L(\theta_1, \theta_2, \cdots, \theta_N; \alpha) = \sum_{i=1}^{M} \ln c[F_1(x_{1i}, \theta_1), F_2(x_{2i}, \theta_2), \cdots, F_N(x_{Ni}, \theta_N);$$
$$\alpha] + \sum_{i=1}^{M} f_1(x_{1i}, \theta_1) + \sum_{i=1}^{M} f_2(x_{2i}, \theta_2) + \cdots + \sum_{i=1}^{M} f_N(x_{Ni}, \theta_N) \tag{5.20}$$

分步估计先由边缘分布利用极大似然估计求出参数 $\theta_1, \theta_2, \cdots, \theta_N$ 的估计值，即：

$$\hat{\theta}_j = \arg\max \sum_{i=1}^{M} \ln f(x_{ji}; \theta_j)(j = 1, 2, \cdots, N) \tag{5.21}$$

然后，把 $\hat{\theta}_1, \hat{\theta}_2, \cdots, \hat{\theta}_N$ 代入（5.20）中的第一项，求出 Copula 函数中未知参数 α 的估计，即：

$$\hat{\alpha} = \arg\max \sum_{i=1}^{M} \ln c[F_1(x_{1i}, \hat{\theta}_1), F_2(x_{2i}, \hat{\theta}_2) \cdots, F_N(x_{Ni}, \hat{\theta}_N); \alpha]$$
$$\tag{5.22}$$

3. 多元 Copula 函数的选择标准

为选择合适的 Copula 函数，我们构建经验 Copula 函数，设取自总体的样本为 $(X_{1i}, X_{2i}, \cdots, X_{Ni})(i = 1, 2, \cdots, n)$，$(X_1, X_2, \cdots, X_N)$ 的经验分布函数分别为 $F_{1n}(x)$，$F_{2n}(x)$，$\cdots$，$F_{Nn}(x)$，则样本的经验 Copula 函数为：

$$\hat{C}_n(u_1, u_2, \cdots, u_N; \alpha) = \frac{1}{n} \sum_{i=1}^{n} I_{[F_{1n}(x_{1i}) \leqslant u_1]} I_{[F_{2n}(x_{2i}) \leqslant u_2]} \cdots I_{[F_{Nn}(x_{Ni}) \leqslant u_N]};$$

$$u_1, u_2, \cdots, u_N \in [0, 1] \tag{5.23}$$

其中，$I_{(\cdot)}$ 为示性函数，当 $F_{Nn}(x_{Ni}) \leqslant u_N$ 时，$I_{[F_{Nn}(x_{Ni}) \leqslant u_N]} = 1$，否则 $I_{[F_{Nn}(x_{Ni}) \leqslant u_N]} = 0$。由此即可计算 N 元 Copula 估计函数与经验 Copula 函数的平方欧式距离为：

$$d^2 = \sum_{i=1}^{n} \left| \hat{C}_n(u_1, u_2, \cdots, u_N; \alpha) - \hat{C}(u_1, u_2, \cdots, u_N; \alpha) \right|^2 \tag{5.24}$$

其中，$\hat{C}(u_1, u_2, \cdots, u_N; \alpha)$ 为历史数据的多元椭圆 Copula 函数估计结果，d^2 越小说明 Copula 函数的拟合效果越好。

二、生猪利润保险方案的定价过程

（一）非参数核密度估计模拟生猪利润保险方案的五个价格序列

根据生猪出栏价格、玉米价格、豆粕价格、小麦麸价格与仔猪价格的月度数据序列的描述性统计结果，选取非参数核密度估计拟合五个月度价格数据序列。

1. 数据描述性统计

选取四川省 2018 年 11 月至 2021 年 10 月的生猪出栏价格、玉米价格、豆粕价格、小麦麸价格与仔猪价格的月度数据，数据来源于四川省农业农村厅的统计信息[①]，描述性统计结果如表 5-2 所示。可知，这五个月度价格数据序列没有明显的尖峰后尾特征（Kurtosis 均不大于 3），但四川省生猪出栏价格月度序列是左偏的（Skewness 小于 0），玉米价格、豆粕价格、小麦麸价格与仔猪价格月度数据序列是右偏的（Skewness 大于 0），且玉米价格月度数据系列的 Jarque-Bera 统计量结果拒绝服从正态分布假设。

---

① 数据来源于四川省农业农村厅统计信息，http://nynct. sc. gov. cn/nynct/c100666/zfxxzdgk list. shtml。

表 5-2　四川省生猪出栏价格、玉米价格、豆粕价格、小麦麸价格与
仔猪价格序列的描述性统计

描述性统计量	P_{pig}	P_{corn}	$P_{Soybeanmeal}$	$P_{wheatbran}$	P_{piglet}
Mean	26.60429	2.532857	3.604571	2.081714	54.57800
Median	29.06000	2.310000	3.550000	1.970000	57.57000
Maximum	40.20000	3.170000	3.890000	2.430000	97.70000
Minimum	14.08000	2.220000	3.370000	1.820000	20.10000
Std. Dev.	9.558937	0.352609	0.166422	0.221153	25.75388
Skewness	−0.086013	0.800332	0.466055	0.490074	0.175498
Kurtosis	1.304445	1.996016	1.844516	1.608006	1.659360
Jarque−Bera	4.235731 (0.120288)	5.206411 (0.074036)	3.214125 (0.200476)	4.226740 (0.120830)	2.800750 (0.246504)
Sum	931.1500	88.65000	126.1600	72.86000	1910.230
Sum Sq. Dev.	3106.692	4.227314	0.941669	1.662897	22550.91
Observations	36	36	36	36	36

注：括号内为 Jarque−Bera 统计量的 P 值；P_{pig} 为生猪出栏价格，P_{corn} 为玉米价格，$P_{Soybeanmeal}$ 为豆粕价格，$P_{wheatbran}$ 为小麦麸价格，P_{piglet} 为仔猪价格。

2. 非参数核密度估计的拟合结果

生猪利润保险方案涉及的生猪出栏价格、玉米价格、豆粕价格、小麦麸价格与仔猪价格五个月度价格数据序列的非参数核密度估计的最优窗宽如表 5-3 所示，五个价格序列的最优窗宽取决于各个价格序列的价格区间与波动幅度，因此差异较大，仔猪价格序列的最优窗宽最大为 20.8523，玉米价格与豆粕价格序列的最优窗宽最小为 0.0882。

表 5-3　非参数核密度估计的最优窗宽

价格序列	P_{pig}	P_{corn}	$P_{Soybeanmeal}$	$P_{wheatbran}$	P_{piglet}
最优窗宽	6.8677	0.0882	0.0882	0.0997	20.8523

根据最优窗宽，可得出生猪出栏价格、玉米价格、豆粕价格、小麦麸价格与仔猪价格五个月度价格数据序列的非参数核密度估计的概率密度函数，具体如图 5-2 所示。由此可知，五个月度价格数据序列的概率密度函数明显不服从正态分布假设，呈现出多峰状态，也反映出非参数估计比参数估计拟合结果

更好。

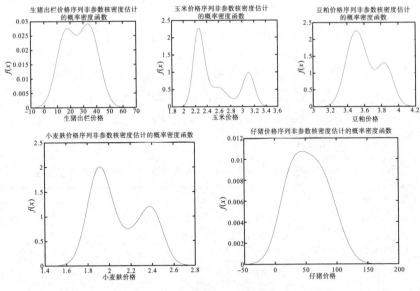

图 5-2　非参数核密度估计的概率密度函数

生猪出栏价格、玉米价格、豆粕价格、小麦麸价格与仔猪价格五个月度价格数据序列的非参数核密度估计的概率分布函数如图 5-3 所示，其中仔猪出栏价格的概率分布函数最为平滑。

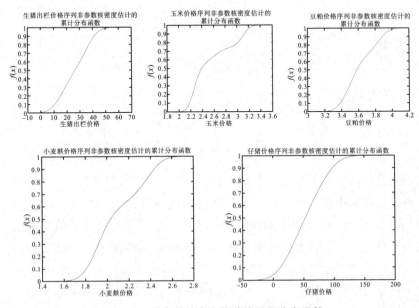

图 5-3　非参数核密度估计的累积分布函数

（二）生猪利润保险方案五个价格序列联合分布的 Copula 函数选择

首先，分别选取 Gauss Copula 和 t－Copula 两种 Copula 函数构建生猪出栏价格、玉米价格、豆粕价格、小麦麸价格与仔猪价格五个月度价格数据序列的五元联合分布。其次，采用两步估计法估计两种 Copula 函数的参数。最后，通过计算两种 Copula 函数假设下的平方欧式距离，选择平方欧式距离最小的 Copula 函数，估计结果见表 5－4。

表 5－4　五个价格序列联合分布的 Copula 函数估计结果（基于非参数法）

参数	Gauss Copula			t－Copula		
	参数估计值	Kendall 秩相关系数	Spearman 秩相关系数	参数估计值	Kendall 秩相关系数	Spearman 秩相关系数
ρ［生猪出栏价格，玉米价格］	−0.0995	−0.0995	−0.0950	−0.1700	−0.1088	−0.1586
ρ［生猪出栏价格，豆粕价格］	−0.1677	−0.1677	−0.1604	−0.2238	−0.1437	−0.2090
ρ［生猪出栏价格，小麦麸价格］	−0.0629	−0.0629	−0.0600	−0.1108	−0.0707	−0.1032
ρ［生猪出栏价格，仔猪价格］	0.8361	0.8361	0.8237	0.8259	0.6187	0.8019
ρ［玉米价格，豆粕价格］	0.8402	0.8402	0.8281	0.8571	0.6555	0.8354
ρ［玉米价格，小麦麸价格］	0.9555	0.9555	0.9513	0.9555	0.8094	0.9456
ρ［玉米价格，仔猪价格］	0.2286	0.2286	0.2188	0.1772	0.1134	0.1653
ρ［豆粕价格，小麦麸价格］	0.9078	0.9078	0.8998	0.9147	0.7352	0.8989
ρ［豆粕价格，仔猪价格］	0.0370	0.0370	0.0353	−0.0013	−0.0008	−0.0012
ρ［小麦麸价格，仔猪价格］	0.2074	0.2074	0.1984	0.1743	0.1115	0.1625
自由度	—			4.5521		
平方欧式距离	0.0574			0.0590		

注：Kendall 秩相关系数、Spearman 秩相关系数表示五个价格序列两两之间的相关关系。

由平方欧式距离最小原则可知，生猪出栏价格、玉米价格、豆粕价格、小麦麸价格与仔猪价格五个月度价格数据序列的联合分布函数为 Gauss Copula 函数。由 Gauss Copula 函数的参数估计结果、Kendall 秩相关系数、Spearman 秩相关系数可知，生猪出栏价格分别与玉米价格、豆粕价格、小麦麸价格呈负相关关系，且与豆粕价格的负相关性较大。玉米价格分别与豆粕价格、小麦麸价格、仔猪价格呈正相关关系，生猪出栏价格与仔猪价格、小麦麸价格与仔猪价格呈正相关关系，且玉米价格与小麦麸价格、豆粕价格与小麦麸价格之间的正相关性较高。

(三) 生猪利润保险方案费率厘定的蒙特卡洛模拟过程

运用蒙特卡洛模拟方法厘定生猪利润保险方案费率的过程，可以分为以下四个步骤：

第一，根据选取的 Gauss Copula 函数 $C(F_1(x_1), F_2(x_2), \cdots, F_5(x_5))$ 的参数估计结果与生猪利润保险方案的实际承保期间（5 个月），运用蒙特卡洛模拟方法生成 10000 组 Gauss Copula 概率分布函数数据。

第二，基于生成的 10000 组 Gauss Copula 概率分布函数数据，运用非参数核密度估计的逆函数，生成 10000 组生猪利润保险方案承保期内的生猪出栏价格、玉米价格、豆粕价格与小麦麸价格序列。

第三，基于蒙特卡洛模拟生成的 10000 组月度价格数据序列，根据利润公式（5.4）计算每头生猪每月的生猪养殖利润 $\hat{M}$。

第四，根据生猪养殖利润保险方案设定的利润保障水平 M，由前文设定的月度理赔规则，可知实际生猪养殖利润 $\hat{M}$ 大于设定的利润保障水平 M 时，保险公司无需赔付，仅需要赔付实际生猪养殖利润 $\hat{M}$ 小于设定的利润保障水平 M 的情形。由此可知，生猪利润保险方案所需每头生猪的赔付金额为 $LOSS(i) = \dfrac{1}{5} \sum_{1}^{5} \max(M - \hat{M}, 0), (i = 1, 2, \cdots, 10000)$，则生猪利润保险方案的最终保费为 $Premium = \dfrac{1}{10000} \sum_{i=1}^{10000} LOSS(i)$。

三、生猪利润保险方案的定价结果与分析

将每头生猪的免赔额分别设定为 0 元、10 元、20 元、30 元、40 元和 50 元，运用蒙特卡洛方法模拟 10000 次，计算承保周期为 2021 年 11 月至 2022 年 4 月的生猪养殖利润保险的费率（2021 年 11 月为观察期，实际承保期间为 2021 年 12 月—2022 年 4 月），结果见表 5-5。

表 5-5   基于非参数核密度估计与多元 Copula 函数的生猪利润保险方案定价结果

免赔额（元）	0	10	20	30	40	50
生猪利润保险保费（元/头）	98.4525	96.5292	95.5570	94.1355	92.1170	91.7270

由表 5-5 可知，2021 年 11 月至 2022 年 4 月承保期间内，在基本养殖利润保障水平下，生猪利润保险方案的保费为 98.4525 元/头。随着免赔额的不断提高，生猪利润保险方案的保费逐渐下降，但下降幅度有限，免赔额为 50 元/头时，生猪利润保险方案的保费仍高达 91.7120 元。

非洲猪瘟疫情自 2018 年 10 月传入我国，给我国生猪养殖行业带来较大冲击，先是生猪供给大幅度下降，生猪价格大幅上升，随着应对非洲猪瘟疫情措施的作用不断显现，生猪生产得以快速恢复，但出现了生猪供给过高与价格大幅下降的问题，导致生猪养殖面临严重亏损，生猪生产收入不足以覆盖生猪养殖投入。由此可知，表 5-5 中生猪利润保险方案的定价结果与未来半年生猪养殖行业的整体情况是相符的，且由于生猪养殖亏损严重，免赔额对生猪利润保险方案费率的高低影响较小。

四、定价方法的稳健性检验：参数方法与多元 Copula 函数

（一）生猪利润保险方案五个价格序列参数分布模型的选择

为检验非参数核密度估计与多元 Copula 函数厘定生猪利润保险方案费率结果的可靠性，这里采用参数方法与多元 Copula 函数做非参数法定价的稳健性检验。结合国内外现有农业保险定价文献中的农产品价格分布，我们选取 6 种常用的农产品价格分布，包括正态分布（Normal）、对数正态分布（Lognormal）、逻辑斯特分布（Logistic）、对数逻辑斯特分布（Log-Logistic）、伽马分布（Gamma）与威布尔分布（Weibull），模拟生猪出栏价格、玉米价格、豆粕价格、小麦麸价格与仔猪价格五个月度价格数据序列。

分别运用 A-D、K-S 与卡方检验方法，选取生猪出栏价格、玉米价格、豆粕价格、小麦麸价格与仔猪价格五个月度价格数据序列的合适分布，若三种检验方法选取结果不一致，则以 A-D 检验方法为准，结果见表 5-6。由检验结果可知，生猪出栏价格序列选择逻辑斯特分布，玉米价格、豆粕价格与小麦麸价格序列选择对数逻辑斯特分布，仔猪价格序列选择威布尔分布，各价格序列的参数估计结果见表 5-7。

表5—6 五个月度价格序列概率分布的拟合优度检验结果

价格序列	Distribution	K—S检验		A—D检验		卡方检验	
		Statistic	Rank	Statistic	Rank	Statistic	Rank
生猪出栏价格	Normal	0.1838	4	2.1450	2	0.5369	5
	Lognormal	0.1917	6	2.3317	5	0.4550	3
	Logistic	0.1809	2	2.0642	1	0.4674	4
	Log—Logistic	0.1773	1	2.2311	3	0.2417	2
	Gamma	0.1819	3	2.3406	6	0.1367	1
	Weibull	0.1894	5	2.2513	4	0.5371	6
玉米价格	Normal	0.2462	6	3.1451	5	2.4850	6
	Lognormal	0.2440	4	2.9684	3	1.6312	3
	Logistic	0.2126	2	2.9247	2	0.9148	2
	Log—Logistic	0.2122	1	2.7647	1	0.4928	1
	Gamma	0.2454	5	3.0847	4	1.8139	4
	Weibull	0.2349	3	3.1594	6	1.9633	5
豆粕价格	Normal	0.1428	2	1.3242	4	2.2963	4
	Lognormal	0.1363	1	1.2309	2	1.9689	3
	Logistic	0.1446	4	1.2789	3	0.9209	2
	Log—Logistic	0.1442	3	1.1999	1	0.7919	1
	Gamma	0.1799	5	1.6703	5	3.7811	5
	Weibull	0.1844	6	1.7855	6	4.5863	6
小麦麸价格	Normal	0.2600	5	2.2529	5	1.5191	6
	Lognormal	0.2506	3	2.0995	2	0.9857	4
	Logistic	0.2348	2	2.1464	3	0.7222	3
	Log—Logistic	0.2281	1	2.0142	1	0.4280	1
	Gamma	0.2585	4	2.2328	4	1.2317	5
	Weibull	0.2694	6	2.4412	6	0.6449	2

续表

价格序列	Distribution	K－S检验		A－D检验		卡方检验	
		Statistic	Rank	Statistic	Rank	Statistic	Rank
仔猪价格	Normal	0.1654	5	1.1337	2	0.0189	2
	Lognormal	0.1725	6	1.2668	5	1.1148	6
	Logistic	0.1590	3	1.1481	3	1.0789e－04	1
	Log－Logistic	0.1611	4	1.2878	6	0.7928	5
	Gamma	0.1476	1	1.2101	4	0.4449	4
	Weibull	0.1527	2	1.1143	1	0.0394	3

注：Rank 指各分布统计量由小到大的排序。

表 5－7　五个月度价格序列概率分布函数的参数估计结果

价格序列	分布	参数估计结果	
生猪出栏价格	Logistic	26.353	6.02398
玉米价格	Log－Logistic	0.910255	0.0805783
豆粕价格	Log－Logistic	1.27998	0.0280122
小麦麸价格	Log－Logistic	0.724378	0.0643745
仔猪价格	Weibull	60.9065	2.2836

（二）生猪利润保险方案五个价格序列联合分布 Copula 函数的选择

首先，分别选取 Gauss Copula 和 t－Copula 两种 Copula 函数构建生猪出栏价格、玉米价格、豆粕价格、小麦麸价格与仔猪价格五个月度价格数据序列的五元联合分布。其次，采用两步估计法估计两种 Copula 函数的参数。最后，通过计算两种 Copula 函数假设下的平方欧式距离，选择平方欧式距离最小的 Copula 函数，估计结果见表 5－8。

表 5−8　五个价格序列联合分布的 Copula 函数估计结果（基于参数法）

参数	Gauss Copula			t−Copula		
	参数估计值	Kendall 秩相关系数	Spearman 秩相关系数	参数估计值	Kendall 秩相关系数	Spearman 秩相关系数
ρ［生猪出栏价格，玉米价格］	−0.1449	−0.1449	−0.1385	−0.1687	−0.1079	−0.1608
ρ［生猪出栏价格，豆粕价格］	−0.2266	−0.2266	−0.2168	−0.2176	−0.1397	−0.2075
ρ［生猪出栏价格，小麦麸价格］	−0.0664	−0.0664	−0.0634	−0.0783	−0.0499	−0.0745
ρ［生猪出栏价格，仔猪价格］	0.8515	0.8515	0.8400	0.8543	0.6520	0.8414
ρ［玉米价格，豆粕价格］	0.8605	0.8605	0.8494	0.8853	0.6921	0.8744
ρ［玉米价格，小麦麸价格］	0.9774	0.9774	0.9752	0.9769	0.8630	0.9741
ρ［玉米价格，仔猪价格］	0.1478	0.1478	0.1413	0.1149	0.0733	0.1094
ρ［豆粕价格，小麦麸价格］	0.8813	0.8813	0.8715	0.9001	0.7130	0.8903
ρ［豆粕价格，仔猪价格］	−0.0237	−0.0237	−0.0226	−0.0143	−0.0091	−0.0136
ρ［小麦麸价格，仔猪价格］	0.1974	0.1974	0.1888	0.1782	0.1140	0.1698
自由度	—			28.9183		
平方欧式距离	0.0587			0.0577		

由平方欧式距离最小原则可知，生猪出栏价格、玉米价格、豆粕价格、小麦麸价格与仔猪价格五个月度价格数据序列的联合分布函数为 t−Copula 函数。由 t−Copula 函数的参数估计结果、Kendall 秩相关系数、Spearman 秩相关系数可知，生猪价格分别与玉米价格、豆粕价格、小麦麸价格，豆粕价格与仔猪价格均呈负相关关系，且生猪价格与豆粕价格的负相关性较大。玉米价格分别与豆粕价格、小麦麸价格、仔猪价格，小麦麸价格与仔猪价格均呈正相关关系，且玉米价格与小麦麸价格之间的正相关性较高。

（三）基于参数法与多元 Copula 函数的生猪利润保险方案定价结果与分析

与前文一致，将每头生猪的免赔额分别设定为 0 元、10 元、20 元、30 元、40 元和 50 元，运用蒙特卡洛方法模拟 10000 次，计算承保周期为 2021 年 11 月至 2022 年 4 月的生猪养殖利润保险的费率（2021 年 11 月为观察期，实际承保期间为 2021 年 12 月—2022 年 4 月），结果见表 5−9。

表 5-9　基于参数法与多元 Copula 函数的生猪利润保险方案定价结果

免赔额（元）	0	10	20	30	40	50
生猪利润保险保费（元/头）	86.0400	85.2536	84.6253	83.9943	82.5094	81.1695
比非参数法与多元 Copula 函数的定价结果降低	12.4125	11.2756	10.9317	10.1412	9.6076	10.5575

由表 5-9 可知，2021 年 11 月至 2022 年 4 月承保期间内，免赔额为 0 元/头时，生猪利润保险方案的保费为 86.0400 元/头。随着免赔额的不断提高，生猪利润保险方案的保费逐渐下降，但下降幅度有限，免赔额为 50 元/头时，生猪利润保险方案的保费仍高达 81.1695 元。

将非参数核密度估计与多元 Copula 函数的定价结果进行比较，得出以下结论：第一，基于参数法与多元 Copula 函数的生猪利润保险方案定价结果整体略低，如免赔额为 0 元/头时，每头生猪的利润保险方案保费降低了 12.4125 元，免赔额为 50 元/头时，每头生猪的利润保险方案保费降低了 10.5575 元。由于非参数核密度估计不事先假定生猪利润保险方案中五个价格序列的分布，拟合效果更好，更能反映出五个价格序列的波动特点，因此费率厘定结果相对较高。第二，随着免赔额的不断提高，基于参数法和多元 Copula 函数的生猪利润保险方案的保费下降趋势与基于非参数核密度估计和多元 Copula 函数的定价结果下降趋势一致，且保费下降幅度均相对较小。由此可知，非参数法和多元 Copula 函数的定价结果是稳健的。

第四节　本章小结

首先，本章从川猪产业振兴背景下生猪市场调控机制的理论逻辑出发，指出生猪利润保险的运行机制主要用于减轻"猪周期"给养殖户造成的损失，可通过养殖利润补贴机制稳定生猪养殖户的生产行为，故将其政策目标设定为管理由生猪价格或饲料价格波动导致的养殖利润波动风险，进而保障生猪养殖户的基本收益，以稳定生猪市场供应。结合政策目标，构建由四川省农业农村厅与财政厅主导、四川省财政厅给予财政补贴、中国银行保险监督管理委员会四川监管局监管、商业保险公司负责具体运作、中国农业再保险股份有限公司提供再保险的利润保险运行机制。

其次，依据生猪利润保险方案设计的总体思路，从生猪养殖利润计算公式、基本养殖利润保障、免赔额、保险期间、理赔期间、承保数量与价格指数的选择等方面，设计了生猪利润保险方案的具体内容。与四川省现行生猪价格指数保险、美国生猪利润保险相比，本书设计的生猪利润保险方案能降低生猪养殖户或企业的基差风险，可切实保障养殖户的利润。

最后，运用非参数核密度估计和多元 Copula 函数的方法厘定本书设计的生猪利润保险方案的费率，并用参数法和多元 Copula 函数的方法对定价结果进行稳健性检验，发现基于非参数核密度估计和多元 Copula 函数的定价结果是稳健可靠的。

第六章　生猪利润保险机制在四川省生猪市场调控中的实施效果模拟评估

基于前文生猪利润保险机制在生猪市场调控中可能的作用分析与生猪利润保险机制的设计结果,本章将分别从政府、养殖户、保险公司与生猪市场四个方面,模拟评估生猪利润保险机制在四川省生猪市场调控中的实施效果。

第一节　生猪利润保险机制对政府和保险公司作用的效果模拟评估

一、生猪利润保险机制对政府和保险公司作用的理论阐述

(一) 生猪利润保险机制提高财政资金使用效率的理论阐述

本书设计的生猪利润保险机制是市场化的政策工具,由商业保险公司负责产品的具体运营,中央和地方政府仅给予生猪利润保险机制以保费补贴,一旦生猪利润保险方案的费率确定,政府财政支持的保费补贴金额便确定,因此政府每年的财政资金支出是固定的。由于生猪养殖户自身需要承担一定的保费支出,政府的财政负担得以减轻。当生猪价格下跌或饲料价格上涨时,生猪养殖户利润损失大小的不确定性由保险公司负责,政府以确定的、相对较小的财政资金支出保障养殖户不确定的利润损失。商业保险公司作为我国农业保险的经营主体,有完善的经营管理团队,不需要政府部门再花费巨大的人力与物力运作生猪养殖户的收入补贴支持政策,财政资金使用效率得以大大提高。

综上所述,我们提出本书设计的生猪利润保险机制能够减轻政府的财政负担,提高财政资金的使用效率。

（二）生猪利润保险机制扩大保险公司业务规模的理论阐述

由于我国生猪市场价格波动剧烈，养殖户或企业常遭受较大损失。但我国生猪期货推出时间较短、生猪价格指数保险难以大规模推广，导致生猪养殖户或企业的价格风险管理工具极其缺乏。本书设计的生猪利润保险机制是重要的生猪市场价格风险管理工具，能够切实保障生猪养殖户的投入与产出的价格波动风险，外加本书设计的生猪利润保险方案属于指数型保险产品，具有产品透明、经营管理费用较低等优点，大规模推广能够扩大保险公司的农业保险业务规模，增加保险公司收入。

二、生猪利润保险机制对政府和保险公司作用的模拟评估方法与过程

（一）生猪利润保险机制对政府和保险公司作用的评估方法

分别模拟测算有、无生猪利润保险机制两种情形下的政府财政支出金额，通过比较分析两种情形下政府财政支出的大小与支付时间，进而评估生猪利润保险机制是否可提高财政资金使用效率。测算政府财政资金支出的大小需要用到生猪出栏数据，但生猪出栏数据仅有年度统计数据，没有月度统计数据，故无法选用前文生猪利润保险方案定价的月度数据，只能测算年度财政资金的使用金额。因此，这里无法采用前文设计的利润保险方案与定价方法（半年承保周期与五个价格序列的月度数据），测算生猪利润保险方案在政府财政资金使用方面的实施效果，仅能使用相关年度数据，模拟评估本书设计的生猪利润保险机制在政府财政资金使用方面的实施效果。

（二）生猪利润保险机制对政府和保险公司作用的评估过程

（1）假设当生猪养殖户或企业的生猪养殖利润出现亏损时，政府给予财政补贴。

运用2006—2019年四川省生猪养殖利润与生猪出栏头数的历史数据，测算政府给予生猪养殖利润亏损以财政补贴情形下的财政补贴金额（见表6-1）。

表 6-1　政府直接给予利润补贴情形下的政府财政支出

时间	养殖利润 （元/头）	生猪出栏头数 （头）	财政资金补贴 金额（元/头）	总财政资金补贴 金额（元）
2006 年	−18.09	74714100	18.90	1412096490
2007 年	523.50	60107000	0	0
2008 年	357.94	64314500	0	0
2009 年	3.72	69154900	0	0
2010 年	90.58	71782800	0	0
2011 年	491.86	70026000	0	0
2012 年	−11.88	71706600	11.88	851874408
2013 年	−35.50	73140800	35.50	2596498400
2014 年	−279.67	74450000	279.67	20821431500
2015 年	−26.68	72365400	26.68	1930708872
2016 年	128.162	69253700	0	0
2017 年	−309.224	65791000	309.224	20344156184
2018 年	−310.67	66383100	310.67	20623237677
2019 年	537.60	48526000	0	0
总计				68580003531

注：生猪养殖利润数据来源于 2007—2020 年《全国农产品成本收益资料摘要》，四川省生猪出栏头数数据来源于 2007—2020 年《中国畜牧业年鉴》。

由财政补贴规则可知，生猪养殖利润为负时，政府给予财政补贴，生猪养殖利润为正时，政府无需给予补贴。2006—2019 年每头生猪的养殖利润补贴见表 6-1 第 4 列；每年的政府财政支出金额为每头生猪的养殖利润补贴与年出栏生猪头数的乘积，见表 6-1 第 5 列；2006—2019 年总的财政补贴金额为68580003531 元。

（2）假设采用生猪利润保险机制为养殖户提供利润损失保障，当生猪养殖利润为负时，由保险公司给予赔偿，政府仅负责给予生猪养殖户或企业一定的生猪利润保险保费补贴。

根据农业保险经营原则与公平保费厘定原理可知，生猪利润保险的保费是根据历史生猪养殖利润的波动情况确定的，生猪养殖利润为正时不需要赔付，但养殖利润为负时需要赔付，平均每年支付较少的费用就可以抵御某些年份较大的利润损失。因此，生猪养殖利润亏损的平均值可视为生猪利润保险的保费，则当生猪利润保险的免赔额为 0 元/头时，生猪利润保险的保费为生猪养殖亏损的平均值，即 70.89457143 元/头。生猪利润保险保费与每年生猪出栏头数的乘积为总生猪利润保险保费。根据我国农业保险财政补贴的范围比例，我们将生猪利润保险保费的财政补贴比例设定为 30%～70%（每 10% 为一个间隔），则不同财政补贴水平下的政府财政支出金额见表 6－2 中的第 2～6 列，财政资金补贴总额的范围为 20241447256～47230043597 元。

表 6－2　生猪利润保险的免赔额为 0 元/头情形下利润保险保费补贴的政府财政支出

时间	生猪利润保险保费（元/头）	财政资金（元）				
		补贴 70%	补贴 60%	补贴 50%	补贴 40%	补贴 30%
2006 年	70.89457143	3707776869	3178094460	2648412050	2118729640	1589047230
2007 年	70.89457143	2982882003	2556756003	2130630002	1704504002	1278378001
2008 年	70.89457143	3191684240	2735729348	2279774457	1823819566	1367864674
2009 年	70.89457143	3431894898	2941624199	2451353499	1961082799	1470812099
2010 年	70.89457143	3562307589	3053406505	2544505421	2035604337	1526703253
2011 年	70.89457143	3475124281	2978677955	2482231629	1985785304	1489338978
2012 年	70.89457143	3558526073	3050165205	2541804338	2033443470	1525082603
2013 年	70.89457143	3629699969	3111171402	2592642835	2074114268	1555585701
2014 年	70.89457143	3694670590	3166860506	2639050421	2111240337	1583430253
2015 年	70.89457143	3591219813	3078188412	2565157010	2052125608	1539094206
2016 年	70.89457143	3436797967	2945826829	2454855691	1963884553	1472913414
2017 年	70.89457143	3264957324	2798534849	2332112374	1865689900	1399267425
2018 年	70.89457143	3294340997	2823720855	2353100712	1882480570	1411860427
2019 年	70.89457143	2408160981	2064137984	1720114987	1376091989	1032068992
总计		47230043597	40482894511	33735745426	26988596341	20241447256

当生猪养殖利润保险的免赔额为 10 元/头时，生猪利润保险的保费为生猪养殖亏损的平均值，即 65.75171429 元/头。生猪利润保险保费与每年生猪出栏头数的乘积为总生猪利润保险保费，不同财政补贴水平下的政府财政支出金额见表 6－3 中的第 3～7 列，财政资金补贴总额的范围为 18773085581～43803866357 元。

表 6-3 生猪利润保险的免赔额为 10 元/头情形下利润保险保费补贴的政府财政支出

时间	生猪利润保险保费（元/头）	财政资金（元）				
		补贴 70%	补贴 60%	补贴 50%	补贴 40%	补贴 30%
2006 年	65.75171429	3438806109	2947548094	2456290078	1965032063	1473774047
2007 年	65.75171429	2766496803	2371282974	1976069145	1580855316	1185641487
2008 年	65.75171429	2960152040	2537273177	2114394314	1691515451	1268636589
2009 年	65.75171429	3182937258	2728231936	2273526613	1818821291	1364115968
2010 年	65.75171429	3303889509	2831905294	2359921078	1887936862	1415952647
2011 年	65.75171429	3223030681	2762597727	2302164772	1841731818	1381298863
2012 年	65.75171429	3300382313	2828899125	2357415938	1885932750	1414449563
2013 年	65.75171429	3366393089	2885479791	2404566492	1923653194	1442739895
2014 年	65.75171429	3426650590	2937129077	2447607564	1958086051	1468564539
2015 年	65.75171429	3330704373	2854889463	2379074552	1903259642	1427444731
2016 年	65.75171429	3187484647	2732129697	2276774748	1821419798	1366064849
2017 年	65.75171429	3028109724	2595522621	2162935517	1730348414	1297761310
2018 年	65.75171429	3055361837	2618881575	2182401312	1745921050	1309440787
2019 年	65.75171429	2233467381	1914400612	1595333844	1276267075	957200306.2
总计		43803866357	37546171163	31288475969	25030780775	18773085581

当生猪养殖利润保险的免赔额为 20 元/头时，生猪利润保险的保费为生猪养殖亏损的平均值，即 61.48171429 元/头。生猪利润保险保费与每年生猪出栏头数的乘积为总生猪利润保险保费，不同财政补贴水平下的政府财政支出金额见表 6-4 中的第 3~7 列，财政资金补贴总额的范围为 17553937513~40959187531 元。

表 6-4 生猪利润保险的免赔额为 20 元/头情形下利润保险保费补贴的政府财政支出

时间	生猪利润保险保费（元/头）	财政资金（元）				
		补贴 70%	补贴 60%	补贴 50%	补贴 40%	补贴 30%
2006 年	61.48171429	3215485665	2756130570	2296775475	1837420380	1378065285
2007 年	61.48171429	2586836980	2217288840	1847740700	1478192560	1108644420
2008 年	61.48171429	2767915999	2372499428	1977082857	1581666285	1186249714
2009 年	61.48171429	2976233262	2551057082	2125880902	1700704721	1275528541

时间	生猪利润保险 保费（元/头）	财政资金（元）				
		补贴70%	补贴60%	补贴50%	补贴40%	补贴30%
2010 年	61.48171429	3089330720	2647997760	2206664800	1765331840	1323998880
2011 年	61.48171429	3013722967	2583191115	2152659262	1722127410	1291595557
2012 年	61.48171429	3086051286	2645186816	2204322347	1763457877	1322593408
2013 年	61.48171429	3147775238	2698093061	2248410884	1798728707	1349046530
2014 年	61.48171429	3204119540	2746388177	2288656814	1830925451	1373194089
2015 年	61.48171429	3114404193	2669489308	2224574423	1779659539	1334744654
2016 年	61.48171429	2980485338	2554701718	2128918098	1703134479	1277350859
2017 年	61.48171429	2831460425	2426966079	2022471732	1617977386	1213483039
2018 年	61.48171429	2856942751	2448808073	2040673394	1632538715	1224404036
2019 年	61.48171429	2088423167	1790077000	1491730834	1193384667	895038500.2
总计		40959187531	35107875027	29256562522	23405250018	17553937513

当生猪利润保险的免赔额为 30 元/头时，生猪利润保险的保费为生猪养殖亏损的平均值，即 58.14742857 元/头。生猪利润保险保费与每年生猪出栏头数的乘积为总生猪利润保险保费，不同财政补贴水平下的政府财政支出金额见表 6-5 中的第 3～7 列，财政资金补贴总额的范围为 16601949695～38737882621 元。

表 6-5　生猪利润保险的免赔额为 30 元/头情形下利润保险保费补贴的政府财政支出

时间	生猪利润保险 保费（元/头）	财政资金（元）				
		补贴70%	补贴60%	补贴50%	补贴40%	补贴30%
2006 年	58.14742857	3041102955	2606659676	2172216397	1737773117	1303329838
2007 年	58.14742857	2446547242	2097040493	1747533745	1398026996	1048520247
2008 年	58.14742857	2617805956	2243833677	1869861397	1495889118	1121916838
2009 年	58.14742857	2814825726	2412707765	2010589804	1608471843	1206353882
2010 年	58.14742857	2921789665	2504391141	2086992618	1669594094	1252195571
2011 年	58.14742857	2850282283	2443099100	2035915917	1628732733	1221549550
2012 年	58.14742857	2918688081	2501732641	2084777201	1667821761	1250866320
2013 年	58.14742857	2977064611	2551769666	2126474722	1701179777	1275884833

时间	生猪利润保险保费（元/头）	财政资金（元）				
		补贴70%	补贴60%	补贴50%	补贴40%	补贴30%
2014年	58.14742857	3030353240	2597445634	2164538029	1731630423	1298722817
2015年	58.14742857	2945503349	2524717157	2103930964	1683144771	1262358578
2016年	58.14742857	2818847202	2416154744	2013462287	1610769830	1208077372
2017年	58.14742857	2677904231	2295346484	1912788737	1530230989	1147673242
2018年	58.14742857	2702004596	2316003939	1930003283	1544002626	1158001970
2019年	58.14742857	1975163483	1692997271	1410831059	1128664848	846498635.7
总计		38737882621	33203899389	27669916158	22135932926	16601949695

当生猪利润保险的免赔额为40元/头时，生猪利润保险的保费为生猪养殖亏损的平均值，即55.61171429元/头。生猪利润保险保费与每年生猪出栏头数的乘积为总生猪利润保险保费，不同财政补贴水平下的政府财政支出金额见表6-6中的第3~7列，财政资金补贴总额的范围为15877965814~37048586898元。

表6-6　生猪利润保险的免赔额为40元/头情形下利润保险保费补贴的政府财政支出

时间	生猪利润保险保费（元/头）	财政资金（元）				
		补贴70%	补贴60%	补贴50%	补贴40%	补贴30%
2006年	55.61171429	2908485428	2492987509	2077489591	1661991673	1246493755
2007年	55.61171429	2339857317	2005591986	1671326655	1337061324	1002795993
2008年	55.61171429	2503647719	2145983759	1788319799	1430655839	1072991880
2009年	55.61171429	2692075778	2307493524	1922911270	1538329016	1153746762
2010年	55.61171429	2794375195	2395178739	1995982282	1596785826	1197589369
2011年	55.61171429	2725986133	2336559543	1947132952	1557706362	1168279771
2012年	55.61171429	2791408866	2392636171	1993863476	1595090781	1196318085
2013年	55.61171429	2847239691	2440491163	2033742636	1626994109	1220245582
2014年	55.61171429	2898204490	2484175277	2070146064	1656116851	1242087639
2015年	55.61171429	2817054764	2414618369	2012181974	1609745580	1207309185
2016年	55.61171429	2695921884	2310790187	1925658489	1540526791	1155395093
2017年	55.61171429	2561125206	2195250177	1829375147	1463500118	1097625088

时间	生猪利润保险保费（元/头）	财政资金（元）				
		补贴70%	补贴60%	补贴50%	补贴40%	补贴30%
2018 年	55.61171429	2584174593	2215006794	1845838995	1476671196	1107503397
2019 年	55.61171429	1889029833	1619168428	1349307024	1079445619	809584214.2
总计		37048586898	31755931627	26463276356	21170621085	15877965814

当生猪利润保险的免赔额为 50 元/头时，生猪利润保险的保费为生猪养殖亏损的平均值，即 53.46885714 元/头。生猪利润保险保费与每年生猪出栏头数的乘积为总生猪利润保险保费，不同财政补贴水平下的政府财政支出金额见表 6－7 中的第 3～7 列，财政资金补贴总额的范围为 15266148449 ～ 35621013048 元。

表 6－7　生猪利润保险的免赔额为 50 元/头情形下利润保险保费补贴的政府财政支出

时间	生猪利润保险保费（元/头）	财政资金（元）				
		补贴70%	补贴60%	补贴50%	补贴40%	补贴30%
2006 年	53.46885714	2796414278	2396926524	1997438770	1597951016	1198463262
2007 年	53.46885714	2249696817	1928311558	1606926298	1285541039	964155778.9
2008 年	53.46885714	2407175969	2063293688	1719411406	1375529125	1031646844
2009 年	53.46885714	2588343428	2218580081	1848816734	1479053388	1109290041
2010 年	53.46885714	2686700995	2302886567	1919072139	1535257711	1151443284
2011 年	53.46885714	2620947133	2246526114	1872105095	1497684076	1123263057
2012 年	53.46885714	2683848966	2300441971	1917034976	1533627981	1150220985
2013 年	53.46885714	2737528491	2346452992	1955377493	1564301995	1173226496
2014 年	53.46885714	2786529490	2388453849	1990378207	1592302566	1194226924
2015 年	53.46885714	2708506664	2321577141	1934647617	1547718094	1160788570
2016 年	53.46885714	2592041334	2221749715	1851458096	1481166477	1110874858
2017 年	53.46885714	2462438706	2110661748	1758884790	1407107832	1055330874
2018 年	53.46885714	2484599943	2129657094	1774714245	1419771396	1064828547
2019 年	53.46885714	1816240833	1556777857	1297314881	1037851905	778388928.5
总计		35621013048	30532296899	25443580749	20354864599	15266148449

三、生猪利润保险机制对政府和保险公司作用的模拟测算结果与分析

(一) 生猪利润保险机制提高政府财政资金使用效率的模拟测算结果与分析

通过分别模拟测算有、无生猪利润保险机制两种情形下的政府财政资金支出金额，可知生猪利润保险机制显著降低了政府的财政负担，在免赔额为0元/头、政府补贴比例为70%时，政府的财政支出金额为47230043597元，远小于无生猪利润保险机制时的政府财政支出金额（68580003531元），能够节约政府财政资金21349959934元。在政府财政给予保费50%补贴比例的情形下，有、无生猪利润保险机制情形下政府的财政资金支出情况见表6−8。

表6−8 有、无生猪利润保险机制情形下政府的财政资金支出情况

时间	财政资金补贴金额（保费补贴比例为50%）（元）						
	无生猪利润保险机制	免赔额为0元/头	免赔额为10元/头	免赔额为20元/头	免赔额为30元/头	免赔额为40元/头	免赔额为50元/头
2006年	1412096490	2648412050	2456290078	2296775475	2172216397	2077489591	1997438770
2007年	0	2130630002	1976069145	1847740700	1747533745	1671326655	1606926298
2008年	0	2279774457	2114394314	1977082857	1869861397	1788319799	1719411406
2009年	0	2451353499	2273526613	2125880902	2010589804	1922911270	1848816734
2010年	0	2544505421	2359921078	2206664800	2086992618	1995982282	1919072139
2011年	0	2482231629	2302164772	2152659262	2035915917	1947132952	1872105095
2012年	851874408	2541804338	2357415938	2204322347	2084777201	1993863476	1917034976
2013年	2596498400	2592642835	2404566492	2248410884	2126474722	2033742636	1955377493
2014年	20821431500	2639050421	2447607564	2288656814	2164538029	2070146064	1990378207
2015年	1930708872	2565157010	2379074552	2224574423	2103930964	2012181974	1934647617
2016年	0	2454855691	2276774748	2128918098	2013462287	1925658489	1851458096
2017年	20344156184	2332112374	2162935517	2022471732	1912788737	1829375147	1758884790
2018年	20623237677	2353100712	2182401312	2040673394	1930003283	1845838995	1774714245
2019年	0	1720114987	1595333844	1491730834	1410831059	1349307024	1297314881
总计	68580003531	33735745426	31288475969	29256562522	27669916158	26463276356	25443580749

由表 6-8 可知，财政给予补贴 50% 保费比例时，在免赔额分别为 0 元/头、10 元/头、20 元/头、30 元/头、40 元/头与 50 元/头时，生猪利润保险机制均显著降低了政府的财政资金支出负担。随着免赔额的不断提高，政府财政资金的支出负担不断下降。

有、无生猪利润保险机制情形下政府财政支出的比较见图 6-1。

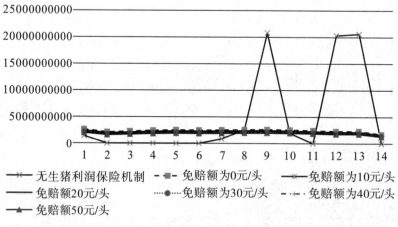

图 6-1　有、无生猪利润保险机制情形下政府财政支出的比较

注：根据表 6-8 中的数据绘制，便于直观理解。单位为元。

由图 6-1 可知，在生猪利润保险机制下，政府每年的财政支出水平比较平稳，而在无生猪利润保险机制时政府的生猪利润补贴支出在各年份差异较大，且个别年份财政支出金额较高，不利于政府财政资金的合理预期与规划。由此可知，生猪利润保险机制既可显著降低政府财政资金支出的负担，也有助于政府财政资金支出的稳定性与合理规划，可大大提高政府财政资金的使用效率。

（二）生猪利润保险机制扩大保险公司业务规模的模拟测算结果与分析

上文 0 元/头、10 元/头、20 元/头、30 元/头、40 元/头与 50 元/头免赔额下生猪利润保险的保费测算结果与生猪出栏头数的乘积，即为保险公司生猪利润保险机制的保费收入，见表 6-9。由表 6-9 可知，不同免赔额下生猪利润保险的总保费是非常可观的，即使免赔额为 50 元/头时，生猪利润保险的总保费收入仍为 50887161498 元。故生猪利润保险机制可显著扩大保险公司的业务规模。

表6-9 不同免赔额下的生猪利润保险总保费

时间	生猪利润保险总保费（元）				
	免赔额为 10元/头	免赔额为 20元/头	免赔额为 30元/头	免赔额为 40元/头	免赔额为 50元/头
2006年	5296824099	4912580156	4593550949	4344432793	3994877539
2007年	4261260005	3952138291	3695481401	3495067489	3213852596
2008年	4559548914	4228788628	3954165713	3739722795	3438822813
2009年	4902706998	4547053226	4251761803	4021179608	3697633469
2010年	5089010842	4719842156	4413329600	4173985236	3838144279
2011年	4964463259	4604329545	4305318525	4071831833	3744210190
2012年	5083608676	4714831876	4408644694	4169554402	3834069952
2013年	5185285670	4809132984	4496821768	4252949444	3910754987
2014年	5278100843	4895215129	4577313629	4329076057	3980756414
2015年	5130314019	4758149105	4449148847	4207861928	3869295235
2016年	4909711381	4553549496	4257836197	4026924574	3702916192
2017年	4664224749	4325871035	4044943465	3825577473	3517769580
2018年	4706201425	4364802625	4081346788	3860006566	3549428491
2019年	3440229973	3190667687	2983461667	2821662119	2594629762
总计	67471490852	62576951938	58513125045	55339832316	50887161498

第二节 生猪利润保险机制对养殖户
作用的效果模拟评估

一、生猪利润保险机制增加生猪养殖户收益的理论阐述

由本书设计的生猪利润保险机制的运作原理可知，生猪价格下跌或饲料价格上涨导致生猪养殖利润低于生猪利润保险合同约定的利润保障水平时，生猪养殖户即可获得保障利润与实际利润之间的差额赔偿。因此，生猪养殖户在利润水平较低时，可通过获得养殖利润补偿直接增加生猪养殖收益。

本书设计的生猪利润保险机制是一种政府给予财政补贴的市场化风险管理

工具，通过财政资金补贴保费的方式，承担了生猪养殖户或企业的部分利润保险保费。可见，生猪利润保险本质上是一种政府间接补贴生猪养殖户或企业的市场化风险管理工具，此种间接补贴方式可直接减轻生猪养殖户或企业的保费负担，间接增加生猪养殖户或企业的收益。

综上所述，我们提出生猪利润保险机制可增加生猪养殖户的收益。

二、生猪利润保险机制增加生猪养殖户收益的效果模拟评估方法与过程

根据本章第一部分生猪利润保险机制的公平费率结果，计算免赔额分别为0元/头、10元/头、20元/头、30元/头、40元/头与50元/头时财政补贴在30%～70%水平下的生猪养殖户或企业收益，并将其与无生猪利润保险保障条件下生猪养殖户的收益进行比较。生猪利润保险机制增加生猪养殖户收益的效果模拟评估流程如下：

（1）计算无生猪利润保险机制下的养殖户或企业的养殖收益。每头生猪养殖利润与生猪出栏头数的乘积为每年的生猪养殖户收益，各年的总和为无生猪利润保险机制下的养殖户或企业2006—2019年的总养殖收益，为62132862431元（见表6-10）。

表6-10　无生猪利润保险机制下的养殖户收益

时间	养殖利润（元/头）	生猪出栏头数（头）	养殖户收益（元）
2006年	-18.09	74714100	-1351578069
2007年	523.5	60107000	31466014500
2008年	357.94	64314500	23020732130
2009年	3.72	69154900	257256228
2010年	90.58	71782800	6502086024
2011年	491.86	70026000	34442988360
2012年	-11.88	71706600	-851874408
2013年	-35.5	73140800	-2596498400
2014年	-279.67	74450000	-20821431500
2015年	-26.68	72365400	-1930708872
2016年	128.162	69253700	8875692699
2017年	-309.224	65791000	-20344156184

时间	养殖利润（元/头）	生猪出栏头数（头）	养殖户收益（元）
2018 年	−310.67	66383100	—20623237677
2019 年	537.6	48526000	26087577600
总计			62132862431

（2）计算免赔额分别为 0 元/头、10 元/头、20 元/头、30 元/头、40 元/头与 50 元/头时，财政补贴在 30%～70% 水平下的生猪养殖户或企业收益。

免赔额为 0 元/头时，生猪养殖利润保险机制的赔付结果为：生猪养殖利润大于 0 元/头时，实际生猪养殖利润即为每头生猪的最终养殖利润；生猪养殖利润小于 0 元/头时，实际生猪养殖利润为 0 元/头。实际生猪的养殖利润与农户承担的部分保费（政府给予 30%～70% 的保费补贴）差额再乘以生猪出栏头数，即为每年的生猪养殖利润，各年养殖利润的总和即为生猪养殖户或企业的总收益。因此，在免赔额为 0 元/头时，在 70%、60%、50%、40% 与 30% 的政府财政补贴水平下，生猪养殖户或企业的总收益分别为 110410900285.72 元、103663751200.50 元、96916602115.27 元、90169453030.05 元与 83422303944.82 元，均明显高于无生猪利润保险机制下的生猪养殖户收益（见表 6—11）。

免赔额为 10 元/头时，生猪养殖利润保险的赔付结果为：生猪养殖利润大于 −10 元/头时，生猪养殖利润即为每头生猪的实际养殖利润；生猪养殖利润小于等于 −10 元/头时，实际生猪养殖利润为 −10 元/头。实际生猪养殖利润与农户承担的部分保费（政府给予 30%～70% 的保费补贴）差额再乘以生猪出栏头数，即为每年的生猪养殖利润，各年养殖利润的总和即为生猪养殖户或企业的总收益。因此，在免赔额为 10 元/头时，在 70%、60%、50%、40% 与 30% 的政府财政补贴水平下，生猪养殖户或企业的总收益分别为 106893751960.01 元、100636056766.21 元、94378361572.41 元、88120666378.62 元与 81862971184.82 元，均明显高于无生猪利润保险机制下的生猪养殖户收益（见表 6—12）。

免赔额为 20 元/头时，生猪养殖利润保险的赔付结果为：生猪养殖利润大于 −20 元/头时，生猪养殖利润即为每头生猪的实际养殖利润；生猪养殖利润小于等于 −20 元/头时，实际生猪养殖利润为 −20 元/头。实际生猪养殖利润与农户承担的部分的保费（政府给予 30%～70% 的保费补贴）差额再乘以生猪出栏头数，即为每年的生猪养殖利润，各年养殖利润的总和即为生猪养殖户或企业的总收益。因此，在免赔额为 20 元/头时，在 70%、60%、50%、

40％与30％的政府财政补贴水平下，生猪养殖户或企业的总收益分别为103797569657.91元、97946257153.41元、92094944648.91元、86243632144.42元与80392319639.92元，均明显高于无生猪利润保险机制下的生猪养殖户收益（见表6－13）。

　　免赔额为30元/头时，生猪养殖利润保险机制的赔付结果为：生猪养殖利润大于－30元/头时，生猪养殖利润即为每头生猪的实际养殖利润；生猪养殖利润小于等于－30元/头时，实际生猪养殖利润为－30元/头。生猪的实际养殖利润与农户承担的部分保费（政府给予30％～70％的保费补贴）差额再乘以生猪出栏头数，即为每年的生猪养殖利润，各年养殖利润的总和即为生猪养殖户或企业的总收益。因此，在免赔额为30元/头时，在70％、60％、50％、40％与30％的政府财政补贴水平下，生猪养殖户或企业的总收益分别为101468507604.74元、95934524373.18元、90400541141.63元、84866557910.07元与79332574678.52元，均明显高于无生猪利润保险机制下的生猪养殖户收益（见表6－14）。

　　免赔额为40元/头时，生猪养殖利润保险的赔付结果为：生猪养殖利润大于－40元/头时，生猪养殖利润即为每头生猪的实际养殖利润；生猪养殖利润小于等于－40元/头时，实际生猪养殖利润为－40元/头。生猪的实际养殖利润与农户承担的部分保费（政府给予30％～70％的保费补贴）差额再乘以生猪出栏头数，即为每年的生猪养殖利润，各年养殖利润的总和即为生猪养殖户或企业的总收益。因此，在免赔额为40元/头时，在70％、60％、50％、40％与30％的政府财政补贴水平下，生猪养殖户或企业的总收益分别为99723976085.81元、94431320814.61元、89138665543.41元、83846010272.22元与78553355001.02元，均明显高于无生猪利润保险机制下的生猪养殖户收益（见表6－15）。

　　免赔额为50元/头时，生猪养殖利润保险机制的赔付结果为：生猪养殖利润大于－50元/头时，生猪养殖利润即为每头生猪的实际养殖利润；生猪养殖利润小于等于－50元/头时，实际生猪养殖利润为－50元/头。生猪的实际养殖利润与农户承担的部分保费（政府给予30％～70％的保费补贴）差额再乘以生猪出栏头数，即为每年的生猪养殖利润，各年养殖利润的总和即为生猪养殖户或企业的总收益。因此，在免赔额为50元/头时，在70％、60％、50％、40％与30％的政府财政补贴水平下，生猪养殖户或企业的总收益分别为99723976085.81元、94431320814.61元、89138665543.41元、83846010272.22元与78553355001.02元，均明显高于无生猪利润保险机制下的生猪养殖户收益（见表6－16）。

表6-11 生猪利润保险免赔额为0元/头时的生猪养殖户收益

时间	养殖利润(元/头)	生猪出栏头数(头)	纯保费(元/头)	养殖收益(元/头)	总养殖收益(元)				
					财政补贴70%	财政补贴60%	财政补贴50%	财政补贴40%	财政补贴30%
2006年	-18.09	74714100.00	70.89	-70.89	-1589047229.75	-2118729639.67	-2648412049.59	-3178094459.50	-3707776869.42
2007年	523.50	60107000.00	70.89	452.61	30187636498.54	29761510498.06	29335384497.57	28909258497.09	28483132496.60
2008年	357.94	64314500.00	70.89	287.05	21652867455.76	21196912564.34	20740957672.93	20285002781.51	19829047890.10
2009年	3.72	69154900.00	70.89	-67.17	-1213555871.31	-1703826571.07	-2194097270.84	-2684367970.61	-3174638670.38
2010年	90.58	71782800.00	70.89	19.69	4975382771.42	4466481687.22	3957580603.03	3448679518.83	2939778434.64
2011年	491.86	70026000.00	70.89	420.97	32953649382.34	32457203056.46	31960756730.57	31464310404.69	30967864078.80
2012年	-11.88	71706600.00	70.89	-70.89	-1525082602.68	-2033443470.24	-2541804337.80	-3050165205.36	-3558526072.92
2013年	-35.50	73140800.00	70.89	-70.89	-1555585700.98	-2074114267.98	-2592642834.97	-3111171401.97	-3629699968.96
2014年	-279.67	74450000.00	70.89	-70.89	-1583430252.86	-2111240337.14	-2639050421.43	-3166860505.71	-3694670590.00
2015年	-26.68	72365400.00	70.89	-70.89	-1539094205.78	-2052125607.70	-2565157009.63	-3078188411.55	-3591219813.48
2016年	128.16	69253700.00	70.89	57.27	7402779285.00	6911808146.86	6420837008.73	5929865870.59	5438894732.46
2017年	-309.22	65791000.00	70.89	-70.89	-1399267424.66	-1865689899.54	-2332112374.43	-2798534849.31	-3264957324.20
2018年	-310.67	66383100.00	70.89	-70.89	-1411860427.38	-1882480569.84	-2353100712.30	-2823720854.76	-3294340997.22
2019年	537.60	48526000.00	70.89	466.71	25055508608.06	24711485610.74	24367462613.43	24023439616.11	23679416618.80
合计					110410900285.72	103663751200.50	96916602115.27	90169453030.05	83422303944.82

表 6—12 生猪利润保险免赔额为 10 元/头时的生猪养殖户收益

时间	养殖利润(元/头)	生猪出栏头数(头)	纯保费(元/头)	养殖收益(元/头)	总养殖收益（元）					
					财政补贴 70%	财政补贴 60%	财政补贴 50%	财政补贴 40%	财政补贴 30%
2006 年	−18.09	74714100.00	65.75	−75.75	−2220915046.89	−2712173062.53	−3203431078.16	−3694689093.79	−4185947109.42
2007 年	523.50	60107000.00	65.75	457.75	3028037301.83	2988515918.77	2948994535.71	29094731525.66	28699517696.60
2008 年	357.94	64314500.00	65.75	292.19	21752095541.47	21329216678.63	20906337815.79	20483458952.94	20060580090.10
2009 年	3.72	69154900.00	65.75	−62.03	−1106859739.88	−1561565062.50	−2016270385.13	−2470975707.75	−2925681030.38
2010 年	90.58	71782800.00	65.75	24.83	5086133377.13	4614149161.51	4142164945.89	3670180730.26	3198196514.64
2011 年	491.86	70026000.00	65.75	426.11	33061689496.63	32601256542.17	32140823587.71	31680390633.26	31219957678.80
2012 年	−11.88	71706600.00	65.75	−75.75	−2131515562.68	−2602998750.24	−3074481937.80	−3545965125.36	−4017448312.92
2013 年	−35.50	73140800.00	65.75	−75.75	−2174147895.27	−2655061193.69	−3135574492.11	−3616887790.54	−4097801088.96
2014 年	−279.67	74450000.00	65.75	−75.75	−2213064538.57	−2702586051.43	−3192107564.29	−3681629077.14	−4171150590.00
2015 年	−26.68	72365400.00	65.75	−75.75	−2151098731.49	−2626913641.99	−3102728552.49	−3578543462.98	−4054358373.48
2016 年	128.16	69253700.00	65.75	62.41	7509627850.71	7054272901.15	6598917951.59	6143563002.02	5688208052.46
2017 年	−309.22	65791000.00	65.75	−75.75	−1955671310.37	−2388258413.83	−2820845517.29	−3253432620.74	−3686019724.20
2018 年	−310.67	66383100.00	65.75	−75.75	−1973271787.38	−2409752049.84	−2846232312.30	−3282712574.76	−3719192837.22
2019 年	537.60	48526000.00	65.75	471.85	25130377293.77	24811310525.03	24492243756.29	24173176987.54	23854110218.80
合计					106893751960.01	100636056766.21	94378361572.41	88120666378.62	81862971184.82

表6-13 生猪利润保险免赔额为20元/头时的生猪养殖户收益

时间	养殖利润(元/头)	生猪出栏头数(头)	纯保费(元/头)	养殖收益(元/头)	总养殖收益(元)				
					财政补贴70%	财政补贴60%	财政补贴50%	财政补贴40%	财政补贴30%
2006年	-18.09	74714100.00	61.48	-80.38	-2790161774.79	-3249516869.73	-3708871964.66	-4168227059.59	-4627582154.52
2007年	523.50	60107000.00	61.48	462.02	30357370079.83	29987821939.77	29618273799.71	29248725659.66	28879177519.60
2008年	357.94	64314500.00	61.48	296.46	21834482415.97	21439065844.63	21043649273.29	20648232701.94	20252816130.60
2009年	3.72	69154900.00	61.48	-57.76	-1018272312.98	-1443448493.30	-1866624673.63	-2293800853.95	-2718977034.28
2010年	90.58	71782800.00	61.48	29.10	5178087143.93	4735074183.91	4295421223.89	3854088263.86	3412755303.84
2011年	491.86	70026000.00	61.48	430.38	33151392802.63	32720860950.17	32290329097.71	31859797245.26	31429265392.80
2012年	-11.88	71706600.00	61.48	-73.28	-2168731288.08	-2609595757.44	-3050460226.80	-3491324696.16	-3932189165.52
2013年	-35.50	73140800.00	61.48	-81.48	-2811862530.47	-3261544707.29	-3711226884.11	-4160909060.94	-4610591237.76
2014年	-279.67	74450000.00	61.48	-81.48	-2862194088.57	-3319925451.43	-3777656814.29	-4235388177.14	-4693119540.00
2015年	-26.68	72365400.00	61.48	-81.48	-2782052654.09	-3226967538.79	-3671882423.49	-4116797308.18	-4561712192.88
2016年	128.16	69253700.00	61.48	66.68	7598341840.41	7172558220.75	6746774601.09	6320990981.42	5895207361.76
2017年	-309.22	65791000.00	61.48	-81.48	-2529303039.37	-2933797385.83	-3338291732.29	-3742786078.74	-4147280425.20
2018年	-310.67	66383100.00	61.48	-81.48	-2552066036.28	-2960200715.04	-3368335393.80	-3776470072.56	-4184604751.32
2019年	537.60	48526000.00	61.48	476.12	25192539099.77	24849192933.03	24595846766.29	24297500599.54	23999154432.80
合计					103797569657.91	97946257153.41	92094944648.91	86243632144.42	80392319639.92

表 6—14 生猪利润保险免赔额为 30 元/头时的生猪养殖户收益

时间	养殖利润（元/头）	生猪出栏头数（头）	纯保费（元/头）	养殖收益（元/头）	总养殖收益（元）				
					财政补贴 70%	财政补贴 60%	财政补贴 50%	财政补贴 40%	财政补贴 30%
2006 年	−18.09	74714100.00	58.15	−77.05	−2715426327.91	−3149869607.21	−3584312886.51	−4018756165.82	−4453199445.12
2007 年	523.50	60107000.00	58.15	465.35	30417494253.26	30067987504.34	29718480755.43	29368974006.51	29019467257.60
2008 年	357.94	64314500.00	58.15	299.79	21898815291.54	21524843012.06	21150870732.57	20776898453.09	20402926173.60
2009 年	3.72	69154900.00	58.15	−54.43	−949097654.43	−1351215615.25	−1753333576.06	−2155451536.87	−2557569497.68
2010 年	90.58	71782800.00	58.15	32.43	5249890453.30	4832491929.74	4415093406.17	3997694882.61	3580296359.04
2011 年	491.86	70026000.00	58.15	433.71	33221438810.06	32814255626.74	32407072443.43	31999889260.11	31592706076.80
2012 年	−11.88	71706600.00	58.15	−69.95	−2097004200.48	−2513959640.64	−2930915080.80	−3347870520.96	−3764825961.12
2013 年	−35.50	73140800.00	58.15	−88.15	−3470108833.10	−3895403777.46	−4320698721.83	−4745993666.19	−5171288610.56
2014 年	−279.67	74450000.00	58.15	−88.15	−3532222817.14	−3965130422.86	−4398038028.57	−4830945634.29	−5263853240.00
2015 年	−26.68	72365400.00	58.15	−84.83	−3193067450.26	−3613853643.02	−4034639835.77	−4455426028.53	−4876212221.28
2016 年	128.16	69253700.00	58.15	70.01	7667615327.18	7264922869.78	6862230412.37	6459537954.97	6056845497.56
2017 年	−309.22	65791000.00	58.15	−88.15	−3121403241.94	−3503960989.26	−3886518736.57	−4269076483.89	−4651634231.20
2018 年	−310.67	66383100.00	58.15	−88.15	−3149494969.68	−3535495626.24	−3921496282.80	−4307496939.36	−4693497595.92
2019 年	537.60	48526000.00	58.15	479.45	25241078964.34	24958912752.46	24676746540.57	24394580328.69	24112411116.80
合计					101468507604.74	95934524373.18	90400541141.63	84866557910.07	79332574678.52

表6-15 生猪利润保险免赔额为40元/头时的生猪养殖养殖户收益

时间	养殖利润(元/头)	生猪出栏头数(头)	纯保费(元/头)	养殖收益(元/头)	总养殖收益(元)				
					财政补贴70%	财政补贴60%	财政补贴50%	财政补贴40%	财政补贴30%
2006年	-18.09	74714100.00	55.61	-74.51	-2658590244.69	-3074088162.93	-3489586081.16	-3905083999.39	-4320581917.62
2007年	523.50	60107000.00	55.61	467.89	30463218506.83	30128953175.77	29794687844.71	29460422513.66	29126157182.60
2008年	357.94	64314500.00	55.61	302.33	21947740250.47	21590076290.63	21232412330.79	20874748370.94	20517084411.10
2009年	3.72	69154900.00	55.61	-51.89	-896490534.08	-1281072788.10	-1665655042.13	-2050237296.15	-2434819550.18
2010年	90.58	71782800.00	55.61	34.97	5304496654.73	4905300198.31	4506103741.89	4106907285.46	3707710829.04
2011年	491.86	70026000.00	55.61	436.25	33274708588.63	32885281998.17	32495855407.71	32106428817.26	31717002226.80
2012年	-11.88	71706600.00	55.61	-67.41	-2042455965.48	-2441228660.64	-2840001355.80	-3238774050.96	-3637546746.12
2013年	-35.50	73140800.00	55.61	-91.11	-3816743981.67	-4223492508.89	-4630241036.11	-5036989563.34	-5443738090.56
2014年	-279.67	74450000.00	55.61	-95.61	-4220087638.57	-4634116851.43	-5048146064.29	-5462175277.14	-5876204490.00
2015年	-26.68	72365400.00	55.61	-82.29	-3138018056.69	-3540454451.59	-3942890846.49	-4345327241.38	-4747763636.28
2016年	128.16	69253700.00	55.61	72.55	7720297606.11	7335165908.35	6950034210.59	6564902512.82	6179770815.06
2017年	-309.22	65791000.00	55.61	-95.61	-3729265088.37	-4095140117.83	-4461015147.29	-4826890176.74	-5192765206.20
2018年	-310.67	66383100.00	55.61	-95.61	-3762827397.18	-4131995196.24	-4501162995.30	-4870330794.36	-5239498593.42
2019年	537.60	48526000.00	55.61	481.99	25227993385.77	25008131981.03	24738270576.29	24468409171.54	24198547766.80
合计					99723976085.81	94431320814.61	89138665543.41	83846010272.22	78553355001.02

表 6-16 生猪利润保险免赔额为 50 元/头时的生猪养殖户收益

时间	养殖利润（元/头）	生猪出栏头数（头）	纯保费（元/头）	养殖收益（元/头）	总养殖收益（元）				
					财政补贴 70%	财政补贴 60%	财政补贴 50%	财政补贴 40%	财政补贴 30%
2006 年	−18.09	74714100.00	53.47	−72.37	−2610559751.84	−3010047505.78	−3409535259.73	−3809023013.67	−4208510767.62
2007 年	523.50	60107000.00	53.47	470.03	30501858721.11	30180473461.49	29859088201.86	29537702942.23	29216317682.60
2008 年	357.94	64314500.00	53.47	304.47	21989085286.19	21645203004.91	21301320723.64	20957438442.37	20613556161.10
2009 年	3.72	69154900.00	53.47	−49.75	−852033812.65	−1221797159.53	−1591560506.41	−1961323853.30	−2331087200.18
2010 年	90.58	71782800.00	53.47	37.11	5350642740.45	4966828312.59	4583013884.74	4199199456.89	3815385029.04
2011 年	491.86	70026000.00	53.47	438.39	33319725302.91	32945304283.89	32570883264.86	32196462245.83	31822041226.80
2012 年	−11.88	71706600.00	53.47	−65.27	−1996358865.48	−2379765860.64	−2763172855.80	−3146579850.96	−3529986846.12
2013 年	−35.50	73140800.00	53.47	−88.97	−3769724895.95	−4160800394.61	−4551875893.26	−4942951391.91	−5334026890.56
2014 年	−279.67	74450000.00	53.47	−103.47	−4916726924.29	−5314802565.71	−5712878207.14	−6110953848.57	−6509029490.00
2015 年	−26.68	72365400.00	53.47	−80.15	−3091497442.41	−3478426965.87	−3865356489.34	−4252286012.81	−4639215536.28
2016 年	128.16	69253700.00	53.47	74.69	7764817841.83	7394526222.63	7024234603.44	6653942984.25	6283651365.06
2017 年	−309.22	65791000.00	53.47	−103.47	−4344880874.09	−4696657832.11	−5048434790.14	−5400211748.17	−5751988706.20
2018 年	−310.67	66383100.00	53.47	−103.47	−4383983547.18	−4738926396.24	−5093869245.30	−5448812094.36	−5803754943.42
2019 年	537.60	48526000.00	53.47	484.13	25309188671.49	25049725695.31	24790262719.14	24530799742.97	24271336766.80
合计					98269552450.09	93180836300.33	88092120150.56	83003404000.79	77914687851.02

三、生猪利润保险机制增加生猪养殖户收益的模拟评估结果与分析

由表 6-17 可知，与无生猪利润保险机制相比，在生猪利润保险的保障下，生猪养殖户的收益均明显提高了。在同一保费补贴水平下，随着免赔额的提高，生猪养殖户的收益不断下降；在同一免赔额水平下，随着保费补贴水平的下降，生猪养殖户的收益呈不断下降趋势。

表 6-17 有、无生猪利润保险机制的生猪养殖户收益比较

类型		生猪养殖户收益（元）				
		保费补贴 70%	保费补贴 60%	保费补贴 50%	保费补贴 40%	保费补贴 30%
生猪利润保险机制	免赔额为 0 元/头	110410900285.72	103663751200.50	96916602115.27	90169453030.05	83422303944.82
	免赔额为 10 元/头	106893751960.01	100636056766.21	94378361572.41	88120666378.62	81862971184.82
	免赔额为 20 元/头	103797569657.91	97946257153.41	92094944648.91	86243632144.42	80392319639.92
	免赔额为 30 元/头	101468507604.74	95934524373.18	90400541141.63	84866557910.07	79332574678.52
	免赔额为 40 元/头	99723976085.81	94431320814.61	89138665543.41	83846010272.22	78553355001.02
	免赔额为 50 元/头	98269552450.09	93180836300.33	88092120150.56	83003404000.79	77914687851.02
无利润保险机制		62132862431				

第三节 生猪利润保险机制对生猪市场供应
作用的效果模拟评估

一、生猪利润保险机制稳定生猪市场供应的理论阐述

本书设计的生猪利润保险机制为生猪养殖户提供生猪养殖利润保障，使得生猪养殖户在生猪饲养初期即可确定最低的养殖利润，可稳定生猪养殖户的收入预期。在生猪价格下行或饲料价格上行期间，也就是在生猪养殖户遭遇养殖亏损时，本书设计的生猪利润保险机制可通过为生猪养殖户或企业提供养殖利

润损失补贴，稳定生猪养殖户或企业的生猪养殖收入。这就能够有效避免生猪养殖户在短期内调减饲养规模，进而稳定生猪市场供应。

综上所述，我们提出生猪利润保险机制可稳定生猪市场供应的理论假设。

二、评估方法与数据描述性分析

本节运用广义回归神经网络模型预测不同免赔额保障下生猪利润保险的生猪出栏头数，再运用变异系数法测度有、无生猪利润保险保障下生猪出栏头数的变异系数，最终得出生猪利润保险机制能够稳定生猪市场供应的结论。

（一）广义回归神经网络模型

广义回归神经网络模型具有很强的非线性映射能力和柔性网络结构以及高度的容错性和鲁棒性，适用于解决非线性问题，在样本数据较少时，预测结果也很好，还可以处理不稳定的数据，因此在农产品产量预测等领域得到广泛应用。

广义回归神经网络由四层构成，分别为输入层、模式层、求和层和输出层，对应网络输入为 $\boldsymbol{X} = [x_1, x_2, \cdots, x_n]^{\mathrm{T}}$，其输出为 $\boldsymbol{Y} = [y_1, y_2, \cdots, y_n]^{\mathrm{T}}$。广义回归神经网络结构图见图 6-2。

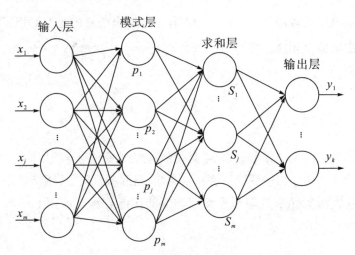

图 6-2　广义回归神经网络结构图

（1）输入层神经元的数目等于学习样本中输入向量的维数，各神经元是简单的分布单元，直接将输入变量传递到模式层。

（2）模式层神经元的数目与学习样本数量 m 相等，各神经元对应不同的学习样本，此层神经元的传递函数为：

$$p_i = \exp\left[-\frac{(X - X_i)^{\mathrm{T}}(X - X_i)}{2\sigma^2}\right], i = 1, 2, \cdots, m \tag{6.1}$$

式中，X 为网络输入变量；X_i 为第 i 个神经元对应的学习样本；神经元 p_i 的输出为输入变量与其对应学习样本 X_i 之间 Euclid 距离的指数平方，其中 $D_i^2 = (X - X_i)^{\mathrm{T}}(X - X_i)$ 即为指数形式。

（3）求和层采用算术与加权两种计算公式，分别对两类神经元求和。

对于所有模式层神经元输出值的算术求和方式，模式层与各神经元的连接权值均为 1，计算公式为 $\sum_{i=1}^{m} \exp\left[-\frac{(X - X_i)^{\mathrm{T}}(X - X_i)}{2\sigma^2}\right]$，递归函数为 $S_D = \sum_{i=1}^{m} p_i$。

对于所有模式层神经元输出值的加权求和方式，模式层第 i 个神经元与求和层中第 j 个分子求和神经元之间的连接权值为第 i 个输出样本 Y_i 中的第 i 个元素，计算公式为 $\sum_{i=1}^{m} Y_i \exp\left[-\frac{(X - X_i)^{\mathrm{T}}(X - X_i)}{2\sigma^2}\right]$，传递函数为 $S_D = \sum_{i=1}^{m} y_{ij} p_i$，其中 $j = 1, 2, \cdots, k$。

（4）输出层的神经元个数需与学习样本中输出变量的维度 k 相等，将各神经元求和层的输出相除，神经元 j 的输出对应估计结果 $\hat{Y}(X)$ 的第 j 个元素，即 $y_{ij} = \frac{S_{mj}}{S_D}$，其中 $j = 1, 2, \cdots, k$。

（二）变异系数法

变异系数又称为"标准差率"，是衡量各观测序列变异程度的一个统计量。当比较两个或多个序列的变异程度时，若均值相同，可直接用标准差表示，若均值不同，可用变异系数即标准差与均值的比值表示，即用 CV（Coefficient of Variance）表示。

$$CV = \frac{\sigma}{\mu} = \frac{\sqrt{\frac{1}{N}\sum_{1}^{N}(x_i - \mu)^2}}{\frac{1}{N}\sum_{1}^{N}x_i} \tag{6.2}$$

其中，μ 为 $x_1, x_2, \cdots, x_N$ 的均值；$\mu = \dfrac{1}{N} \displaystyle\sum_{1}^{N} x_i$；$\sigma$ 为标准差，$\sigma = \sqrt{\dfrac{1}{N} \displaystyle\sum_{1}^{N} (x_i - \mu)^2}$。

（三）数据描述性统计分析

选取生猪出栏量的影响因素，如生猪价格、生猪养殖利润、玉米价格与国内生产总值，作为广义回归神经网络模型的投入指标，并选取生猪出栏头数与能繁母猪存栏量作为广义回归神经网络模型的输出指标。数据的描述性统计分析见表6—18。其中，生猪养殖利润数据来源于2007—2020年《全国农产品成本收益资料摘要》，四川省生猪出栏头数与能繁母猪存栏数据来源于2007—2020年《中国畜牧业年鉴》，国民生产总值数据来源于国家统计局，四川省生猪价格与玉米价格数据来源于2007—2020年《中国农产品价格调查年鉴》。

表6—18　数据的描述性统计分析

描述性统计量	生猪出栏头数（万头）	能繁母猪存栏数（万头）	生猪养殖利润（元）	生猪价格（元/千克）	玉米价格（元/千克）	国民生产总值（亿元）
Mean	6797.971	477.3286	81.54629	14.42643	2.176429	571824.6
Median	6963.985	502.8000	−4.08	14.78500	2.210000	565771.6
Maximum	7471.410	538.6000	537.6000	22.43000	2.620000	986515.2
Minimum	4852.600	274.0000	−310.67	6.500000	1.430000	219438.5
Std. Dev.	696.0505	69.94662	295.7977	3.881329	0.356319	243799.7
Skewness	−1.66	−1.93	0.305929	0.035651	−0.57	0.192823
Kurtosis	5.385106	6.146668	1.949239	3.293020	2.435500	1.895591
Jarque—Bera	9.719102 (0.007754)	14.50042 (0.000710)	0.862441 (0.649716)	0.053051 (0.973823)	0.940021 (0.624996)	0.798257 (0.670904)
Sum	95171.59	6682.600	1141.648	201.9700	30.47000	8005544.
Observations	14	14	14	14	14	14

注：括号内为Jarque—Bera统计量的 P 值。

三、评估结果与分析

选取2006—2018年的数据作为训练组，2019年的数据作为测试组，为保证最优化参数的准确性，采用交叉验证方法寻找广义回归神经网络的最优化参数，模型交叉验证200次，得到训练与测试数据的最佳Spread值为0.6，且预测结果较好。再分别运用广义回归神经网络模型预测不同免赔额生猪利润保险保障下的生猪出栏数量，见表6-19。由预测的不同免赔额生猪利润保险保障下的生猪出栏数量及变异系数法的计算公式，可得不同免赔额生猪养殖利润保险保障下的生猪出栏数量的变异系数。

表6-19　广义回归神经网络的生猪出栏预测数量与变异系数

时间	生猪产量（万头）	生猪产量预测					
		免赔额为0元/头	免赔额为10元/头	免赔额为20元/头	免赔额为30元/头	免赔额为40元/头	免赔额为50元/头
2006 年	7471.41	7444.95	7444.96	7444.96	7444.96	7444.96	7444.96
2007 年	6010.70	6213.42	6213.42	6213.42	6213.42	6213.42	6213.42
2008 年	6431.45	6294.18	6294.18	6294.18	6294.18	6294.18	6294.18
2009 年	6915.49	7414.88	7414.88	7414.88	7414.88	7414.88	7414.88
2010 年	7178.28	7097.71	7097.71	7097.71	7097.71	7097.71	7097.71
2011 年	7002.60	6940.39	6940.39	6940.39	6940.39	6940.39	6940.39
2012 年	7170.66	7156.97	7160.14	7160.73	7160.73	7160.73	7160.73
2013 年	7314.08	7155.32	7158.20	7161.01	7163.77	7165.26	7165.26
2014 年	7445.00	7150.79	7151.86	7152.83	7153.72	7154.51	7155.21
2015 年	7236.54	7007.65	7007.06	7006.32	7005.77	7005.74	7005.74
2016 年	6925.37	6904.00	6904.00	6904.00	6904.00	6904.00	6904.00
2017 年	6579.10	6722.82	6716.00	6709.36	6702.93	6696.72	6690.76
2018 年	6638.31	6653.21	6650.93	6648.81	6646.85	6645.02	6643.33
2019 年	4852.60	6909.25	6909.25	6909.25	6909.25	6909.25	6909.25
σ	696.05	364.15	364.92	365.55	366.14	366.66	367.09
μ	6797.97	6933.25	6933.07	6932.70	6932.32	6931.91	6931.42
CV	0.1024	0.0525	0.0526	0.0527	0.0528	0.0529	0.0530

注：μ为均值，σ为标准差。

由表6-19中的生猪出栏量变异系数可知，生猪利润保险机制降低了生猪出栏量的变异系数，说明生猪利润保险机制稳定了生猪市场的供应，且随着免赔额的不断降低，生猪利润保险机制稳定生猪市场供应的效果不断增强。由预测的不同免赔额生猪利润保险保障下的生猪出栏量均值可知，生猪利润保险机制为生猪养殖户或企业提供生猪养殖利润保障，从而增加生猪市场的总体供应。

第四节 本章小结

根据生猪利润保险机制在生猪市场调控中可能的作用，本章分别从政府、养殖户、保险公司与生猪市场四个方面，阐述生猪利润保险机制在四川省生猪市场调控中的实施效果，并分别运用模拟测算与广义回归神经网络模型进行模拟评估，研究发现生猪利润保险机制在生猪市场调控中具有提高财政资金使用效率、扩大保险公司业务规模、增加生猪养殖户收益与稳定生猪市场供应的作用。

第七章　研究结论与政策建议

根据前文对四川省生猪市场价格波动及调控政策的困境、美国生猪市场调控的利润保险实践及启示、川猪产业振兴背景下生猪利润保险在四川省生猪市场调控中的作用与政策定位、生猪市场调控的利润保险机制设计与定价、生猪利润保险机制在四川省生猪市场调控中的实施效果模拟评估的相关研究，本章对主要研究结论进行归纳总结，并提出具有操作性的政策建议。

第一节　研究结论

一、四川省生猪出栏价格波动呈现出明显的周期性、集聚性、非对称性特点，尽管现行生猪市场调控政策多样，但仍面临诸多困境

本书分别运用 H－P 滤波法、X－12－ARIMA 季节调整法与指数异方差自回归模型（EGARCH）检验生猪价格波动的周期性特征、季节性特征、集聚性与非对称性特征，发现四川省生猪出栏价格波动呈现出明显的周期性、集聚性、非对称性特点，且价格波动的季节性趋势比全国更大。分别从供给、需求与外部冲击三个方面分析生猪价格波动的原因，发现供给因素是我国生猪价格波动的决定性因素，主要包括生猪生产周期、生猪养殖成本、生猪规模化程度等，生猪疫病与政策等外部冲击也是影响生猪价格波动的重要因素。

本书通过梳理四川省生猪市场调控政策演进的四个历程，并根据生猪市场调控的政策目标和运作方式，将现行的四川省生猪市场调控政策分为生猪生产直接补贴政策、生猪信贷支持政策、生猪保险政策、政府猪肉储备调节政策与生猪疫病补助政策五大类别。通过详细分析现行四川省生猪市场调控政策的具体内容，发现现行四川省生猪市场调控政策仍面临多重困境，包括调控政策多

样、参与主体繁多、补贴交叉重叠、政策调控时机不清晰、稳定性不足、市场化调控政策有限与反周期支持不足等。

二、生猪利润保险是生猪市场调控的重要市场化政策工具，其可作为生猪价格指数保险与饲料成本保险的替代、政府猪肉储备调节政策的重要补充

本书通过介绍美国生猪市场调控的牲畜赔偿计划（Livestock Indemnity Program，LIP）、农业部采购计划、生猪保险项目（LRP 和 LGM 保险）、生猪疫病管理项目四大政策体系，发现生猪利润保险同时为生猪养殖户提供生猪投入与产出价格风险保障，可有效保障生猪养殖户的实际养殖利润，且其由商业保险公司负责具体运营，是有效的市场化生猪市场调控工具。通过详细分析美国生猪利润保险的实践方案与再保险协议，得出生猪利润保险是一种生猪养殖利润反周期补贴政策，是美国生猪市场调控的重要市场化政策工具，完善的再保险体系是商业保险公司运营利润保险的前提等经验启示。

本书从经营模式和具体产品方案两个方面对生猪利润保险与四川省现行生猪保险产品进行比较，得出生猪利润保险是四川省生猪价格指数保险与饲料成本保险的结合，为生猪养殖户或企业提供由于投入与产出价格波动导致的生猪养殖利润波动风险的保障，可作为生猪价格指数保险与饲料成本保险的替代。本书分别从政策目标、运作原理与实施效果三个方面，对生猪利润保险与政府猪肉储备调节政策进行比较，发现尽管生猪利润保险为养殖户的净利润或净收益提供直接风险保障，但最终目标仍是保障养殖户或企业的收入预期，以稳定生猪市场供应，这与政府猪肉储备调节政策在生猪价格过度下跌情形时的目标是一致的。且与政府猪肉储备调节政策相比，生猪利润保险具有不破坏生猪市场实际供求平衡、财政资金使用规模较小及效率较高等优点，故其在四川省生猪市场调控中可作为政府猪肉储备调节政策的重要补充。最后，分别从政策目标与实施方式等方面，对生猪利润保险与生猪生产直接补贴政策、生猪疫病补助政策进行比较，发现这三种政策是相辅相成的，因此在四川省生猪市场调控中生猪利润保险可与生猪生产直接补贴政策、生猪疫病补助政策一起助推生猪生产的现代化。

三、本书构建的生猪利润保险方案具有显著降低养殖户或企业承担的基差风险、切实为养殖户提供生猪养殖利润波动风险保障的特色，基于非参数核密度估计与多元 Copula 函数的生猪利润保险方案的费率厘定结果是稳健可靠的

本书从川猪产业振兴背景下生猪市场调控机制的理论逻辑出发，阐述生猪利润保险机制的政策目标。生猪利润保险机制主要用于减轻"猪周期"给养殖户造成的损失，通过养殖利润补贴机制稳定生猪养殖户的生产行为。其政策目标为管理由生猪价格或饲料价格波动导致的养殖利润波动风险，进而保障生猪养殖户的基本收益，以稳定生猪市场供应。进一步地，结合生猪利润保险机制的政策目标，构建由四川省农业农村厅与财政厅主导、四川省财政厅给予财政补贴、中国银行保险监督管理委员会四川监管局监管、商业保险公司负责具体运作、中国农业再保险股份有限公司提供再保险的利润保险运行机制。

本书依据构建的生猪利润保险运行机制，设定生猪利润保险方案设计的总体思路，从生猪养殖利润计算公式、基本养殖利润保障、免赔额、保险期间、理赔期间、承保数量与价格指数的选择等方面，设计了生猪利润保险方案的具体内容。与四川省现行生猪价格指数保险、美国生猪利润保险相比，本书设计的生猪利润保险方案的特色为：①地区现货价格指数的选取可显著降低养殖户或企业承担的基差风险；②包含多种生猪养殖成本的利润公式，可切实为养殖户提供生猪养殖利润波动风险保障。

根据设计生猪利润保险方案的费率厘定原理与样本数据特征，本书选取非参数核密度估计与多元 Copula 函数的方法厘定设计的生猪利润保险方案的费率，并用参数法与多元 Copula 函数的方法对定价结果进行稳健性检验，发现基于非参数核密度估计与多元 Copula 函数的定价结果是稳健可靠的。

四、本书构建的生猪利润保险机制在生猪市场调控中具有提高财政资金使用效率、扩大保险公司业务规模、增加生猪养殖户收益与稳定生猪市场供应的作用

通过比较分析生猪利润保险与四川省现行生猪市场调控政策的运作原理、具体内容与实施效果，本书尝试从政府、保险公司、生猪养殖户与生猪市场等方面，分析生猪利润保险在四川省生猪市场调控中的作用，发现生猪利润保险机制可能具有保障生猪养殖户收入预期、提高养殖积极性、减轻政府财政负担、提高财政资金使用效率、扩大保险公司业务规模与稳定生猪市场供应的作用。

本书运用模拟测算法与广义回归神经网络模型，从政府、保险公司、生猪养殖户与生猪市场四个方面，模拟评估生猪利润保险机制在四川省生猪市场调控中的实施效果，研究发现其在生猪市场调控中具有提高财政资金使用效率、扩大保险公司业务规模、增加生猪养殖户收益与稳定生猪市场供应的作用。

第二节　政策建议

一、尽快构建四川省生猪市场调控的利润保险运行机制

川猪产业振兴背景下的生猪市场调控机制主要用于减轻"猪周期"给养殖户造成的损失，通过养殖利润补贴机制稳定生猪养殖户的生产行为，其政策目标为管理由生猪价格或饲料价格波动导致的养殖利润波动风险，进而保障生猪养殖户的基本收益，以稳定生猪市场供应。

由于生猪利润保险机制在生猪市场调控中具有提高财政资金使用效率、扩大保险公司业务规模、增加生猪养殖户收益与稳定生猪市场供应的作用，因此，应尽快构建由四川省农业农村厅与财政厅主导、四川省财政厅给予财政补贴、中国银行保险监督管理委员会四川监管局监管、商业保险公司负责具体运作、中国农业再保险股份有限公司提供再保险的利润保险运行机制。

二、尽快将生猪利润保险作为四川省生猪市场调控的重要政策工具

现行四川省生猪市场调控政策面临调控政策多样、参与主体繁多、补贴交叉重叠、政策调控时机不清晰、稳定性不足、市场化调控政策有限与反周期支持不足等问题。生猪利润保险是四川省生猪价格指数保险与饲料成本保险的结合，为生猪养殖户或企业提供生猪养殖利润波动风险保障。其作为市场化的调控政策工具，能够解决上述问题，可将其作为生猪价格指数保险与饲料成本保险的替代。

与政府猪肉储备调节政策相比，生猪利润保险机制具有不破坏生猪市场供求平衡、财政资金使用规模较小及效率较高等优点，且其最终目标仍是保障养殖户或企业的收入预期，以稳定生猪市场供应，这与政府猪肉储备调节政策在生猪价格过度下跌情形时的目标是一致的。因此，在四川省生猪市场调控中，可将生猪利润保险机制作为政府猪肉储备调节政策的重要补充。

综上所述，本书认为应尽快将生猪利润保险作为四川省生猪市场调控的重要政策工具。

三、尽快构建生猪利润保险的再保险机制

生猪利润保险是一种管理生猪养殖户投入与产出价格风险的重要工具，管理对象是价格风险。随着农产品市场化改革与互联网技术的升级，农产品价格波动的系统性风险逐渐增大，生猪利润保险机制面临着巨大的价格系统性风险，其成功运行的前提是生猪保险再保险机制的完善。虽然现阶段已有农业再保险公司与农业保险共同体为农业保险提供再保险保障，但还没有专门针对生猪保险的再保险机制。因此，应尽快构建生猪保险的再保险机制，以保障生猪利润保险机制的推出与健康运行。

参考文献

[1] ANDERSON K. Agricultural price distortions: trends and volatility, past, and prospective [J]. Agricultural economics, 2013, 44 (S1): 163—171.

[2] BARRETT C B. On price risk and the inverse farm size—productivity relationship [J]. Journal of development economics, 1996, 51 (2): 193—215.

[3] BELLEMARE M F. Rising food prices, food price volatility, and social unrest [J]. American journal of agricultural economics, 2015, 97 (1): 1—21.

[4] BERAZNEVA J, LEE D R. Explaining the African food riots of 2007 – 2008: an empirical analysis [J]. Food policy, 2013, 39 (C): 28—39.

[5] BOZIC M, NEWTON J, THRAEN C, et al. Mean—reversion in income over feed cost margins: evidence and implications for managing margin risk by US dairy producers [J]. Journal of dairy science, 2012, 95 (12): 7417—7428.

[6] BURDINE K H, KUSUNOSE Y, MAYNARD L J, et al. Livestock Gross Margin – Dairy: an assessment of its effectiveness as a risk management tool and its potential to induce supply expansion [J]. Journal of agricultural and applied economics, 2014, 46 (2): 245—256.

[7] BUSH R. Food riots: poverty, power and protest [J]. Journal of agrarian change, 2010, 10 (1): 119—129.

[8] GOODWIN B K, HUNGER F A. Copula—based models of systemic risk in U. S. agriculture: implications for crop insurance and reinsurance contracts [J]. American journal of agricultural economics, 2015, 97 (3): 879—896.

[9] HARLOW A A. The hog cycle and the cobweb theorem [J]. Journal of

farm economics, 1960, 42 (4): 842－853.

[10] HAYES D J, SCHMITZ A. Hog cycles and countercyclical production response [J]. American journal of agricultural economics, 1987, 69 (4): 762－770.

[11] NEWBERY D M, STIGLITZ J. The theory of commodity price stabilisation rules: welfare impacts and supply responses [J]. Economic journal, 1979, 89 (356): 799－817.

[12] NEWTON J, THRAEN C. Livestock Gross Margin insurance for dairy: the other dairy safety net solution [J]. Farmdoc daily, 2014 (4): 110.

[13] PAARLBERG R L, PAARLBERG R. Food politics: what everyone needs to know [M]. 2nd ed. New York: Oxford University Press, 2013.

[14] 白华艳, 关建波. 猪肉产业链非对称价格传导机制: 门限效应与市场势力 [J]. 价格理论与实践, 2021 (2): 79－82, 131.

[15] 陈东琪. 新政府干预论 [M]. 北京: 首都经济贸易大学出版社, 2000.

[16] 杜旸. 中国生猪价格周期性波动分析、展望及对策 [J]. 价格月刊, 2020 (4): 1－5.

[17] 付莲莲, 冯家璇, 赵一恒. 生猪价格波动的复杂网络特征及模态传导 [J]. 复杂系统与复杂性科学, 2019, 16 (4): 82－89.

[18] 付莲莲, 童歆越. 生猪价格波动对农户福利效应的异质性影响 [J]. 统计与决策, 2021, 37 (16): 90－94.

[19] 郭婧驰, 张明源. 经济政策稳定性对我国生猪产业链价格的影响 [J]. 经济纵横, 2021 (1): 98－110.

[20] 洪银兴. 现代经济学大典 (下卷) [M]. 北京: 经济科学出版社, 2016.

[21] 鞠光伟, 王慧敏, 陈艳丽, 等. 我国生猪目标价格保险实践的效果评价及可行性研究——以北京、四川、山东为例 [J]. 农业技术经济, 2016 (5): 102－109.

[22] 鞠光伟, 张燕媛, 陈艳丽, 等. 养殖户生猪保险参保行为分析——基于428位养殖户问卷调查 [J]. 农业技术经济, 2018 (6): 81－91.

[23] 黎东升, 刘小乐. 我国生猪价格波动新特征——基于 HP 和 BP 滤波法的实证分析 [J]. 农村经济, 2015 (6): 52－55.

[24] 李炳莲, 魏君英. 猪粮比价指标的重构问题研究 [J]. 农业技术经济, 2014 (6): 74－79.

[25] 廖嗨烽，王凤忠，高雷. 中国乡村产业振兴实施路径的研究述评及展望
[J]. 技术经济与管理研究，2021 (11)：112-115.

[26] 廖朴，何溯源. 我国生猪价格保险中的逆选择分析 [J]. 保险研究，
2017 (10)：79-86.

[27] 廖翼，周发明. 我国生猪价格调控政策分析 [J]. 农业技术经济，2013
(9)：26-34.

[28] 廖翼，周发明. 我国生猪价格调控政策运行机制和效果及政策建议 [J].
农业现代化研究，2012，33 (4)：430-434.

[29] 林乐芬，刘贺露. 规模养殖户购买生猪价格指数保险的决策响应及影响
因素分析 [J]. 河北经贸大学学报，2018，39 (4)：87-94.

[30] 刘建平，王雨琴. 季节调整方法的历史演变及发展新趋势 [J]. 统计研
究，2015，32 (8)：90-98.

[31] 刘烁，郭军，陶建平，等. 规模化养殖能平缓生猪价格波动吗？[J]. 世
界农业，2021 (10)：93-104.

[32] 罗千峰，张利庠. 基于 B-N 分解法的我国生猪价格波动特征研究 [J].
农业技术经济，2018 (7)：93-106.

[33] 马彪，李丹. 生猪价格指数保险中的系统性风险问题研究 [J]. 农业技
术经济，2018 (8)：112-123.

[34] 马改艳，周磊. 美国生猪价格保险的经验及对中国的启示 [J]. 世界农
业，2016 (12)：32-37.

[35] 马名慧，邵喜武. 非洲猪瘟疫情下我国生猪产业价格传导机制研究——
基于 VAR 模型的实证分析 [J]. 价格月刊，2020 (3)：7-14.

[36] 毛学峰，曾寅初. 基于时间序列分解的生猪价格周期识别 [J]. 中国农
村经济，2008 (12)：4-13.

[37] 潘方卉，刘丽丽，庞金波. 中国生猪价格周期波动的特征与成因分析
[J]. 农业现代化研究，2016，37 (1)：79-86.

[38] 秦中春. 我国生猪市场调控的局限与对策选择 [J]. 中国畜牧杂志，
2014，50 (12)：3-9.

[39] 全世文，曾寅初，毛学峰. 国家储备政策与非对称价格传导——基于对中
国生猪价格调控政策的分析 [J]. 南开经济研究，2016 (4)：136-152.

[40] 石榴红，刘晓璇，王硕. 我国政府宏观调控政策有效性研究——以生猪
产业为例 [J]. 财经问题研究，2013 (11)：31-35.

[41] 陶建平，胡颖，郭军，等. 我国生猪市场区制转换与产业链价格关联研

究 [J]. 价格理论与实践, 2021 (5): 57-60, 148.

[42] 田菁, 张琅, 袁佳子. 农作物收入保险省及地市级定价研究——以辽宁省玉米、大豆为例 [J]. 保险研究, 2019 (3): 103-115.

[43] 王刚毅, 王佳美, 王孝华. 差异化疫情冲击下生猪养殖主体短期供给反应研究 [J]. 中国畜牧杂志, 2019, 55 (11): 169-173.

[44] 王宏梅, 孙毅. 缓解生猪市场波动的政府调控机制研究 [J]. 山东社会科学, 2020 (5): 123-128.

[45] 王明利, 李威夷. 生猪价格的趋势周期分解和随机冲击效应测定 [J]. 农业技术经济, 2010 (12): 68-77.

[46] 吴佳惠, 陈蓉. 生猪疫病对猪肉价格的影响——基于动态空间面板模型的实证研究 [J]. 黑龙江畜牧兽医, 2021 (6): 8-13, 29.

[47] 夏益国, 黄丽, 傅佳. 美国生猪毛利保险运行机制及启示 [J]. 价格理论与实践, 2015 (7): 43-45.

[48] 熊涛. 我国猪肉价格的影响因素是时变的吗?——基于动态模型平均的分析与预测 [J]. 华中农业大学学报 (社会科学版), 2021 (3): 63-73, 186.

[49] 燕志雄, 费方域, 苏春江. 生猪周期、政策多样性与政府干预 [J]. 农业经济问题, 2014, 35 (8): 16-24, 110.

[50] 虞祎, 张晖. 猪肉储备政策对价格的影响及福利分析 [J]. 南京农业大学学报 (社会科学版), 2017, 17 (6): 101-109, 165.

[51] 袁祥州, 程国强, 齐皓天. 美国奶业安全网: 历史演变、现实特征与发展趋势 [J]. 农业经济问题, 2015, 36 (10): 101-109, 112.

[52] 张立中, 刘倩倩, 辛国昌. 我国生猪价格波动与调控对策研究 [J]. 经济问题探索, 2013 (11): 117-122.

[53] 张利庠, 罗千峰, 韩磊. 构建中国生猪产业可持续发展的长效机制研究 [J]. 农业经济问题, 2020 (12): 50-60.

[54] 张敏, 余乐安, 刘凤根. 生猪产业链价格的区制转移与非线性动态调整行为研究 [J]. 中国管理科学, 2020, 28 (1): 45-56.

[55] 张敏. 生猪价格的周期波动与成分结构 [J]. 云南财经大学学报, 2018, 34 (11): 101-112.

[56] 张峭, 汪必旺, 王克. 我国生猪价格保险可行性分析与方案设计要点 [J]. 保险研究, 2015 (1): 54-61.

[57] 张译元, 孟生旺. 农业指数保险定价模型的研究进展及改进策略 [J].

统计与信息论坛，2020，35（1）：30－39.

[58] 张政伟，杜锐，张在一. 生猪价格风险责任分担：基于 EEMD 的分解
[J]. 保险研究，2018（4）：55－64.

[59] 赵畅锦，熊涛. 多尺度视角下生猪价格波动特征及调控政策的混合分析
模型及实证 [J]. 系统工程，2017，35（12）：93－104.

[60] 赵玉，严武，李佳. 基于混合 Copula 模型的水稻保险费率厘定 [J]. 统
计与信息论坛，2019，34（8）：66－74.

[61] 周清杰，侯江源. 我国生猪市场价格调控中的"猪粮比价"：理论内涵与
实践反思 [J]. 北京工商大学学报（社会科学版），2017，32（5）：
118－126.

[62] 周志鹏. 美国生猪毛利润保险对中国生猪价格指数保险的启示 [J]. 世
界农业，2014（12）：45－48.

[63] 周志鹏. 美国生猪毛利润保险政策对我国稳定生猪生产的启示 [J]. 黑
龙江畜牧兽医，2014（22）：14－15.

[64] 朱增勇. 中国猪肉价格周期性波动与稳定机制建设研究——基于中国猪
肉价格周期性波动分析 [J]. 价格理论与实践，2021（6）：13－16.

[65] 卓志，王禹. 生猪价格保险及其风险分散机制 [J]. 保险研究，2016
（5）：109－119.

[66] 贝尔纳·萨拉尼耶. 市场失灵的微观经济学 [M]. 朱保华，方红生，
译. 上海：上海财经大学出版社，2004.

[67] 萨缪尔森，诺德豪斯. 经济学 [M]. 12 版. 萧琛，译. 北京：中国发
展出版社，1992.